自分だけの才能の見つけ方

GENIUS FINDER

山口揚平

SB Creative

I have no special talent.
I am only passionately curious.

私に特別な才能はありません。
ただ、ものすごく好奇心が
強いだけなのです。

―― アルバート＝アインシュタイン

はじめに

天才性って何？

「天才」と聞くと、あなたは何を思い出すでしょうか？

マンガや小説の主人公でしょうか？

テレビやスポーツ・芸術など各界で活躍している人？

子どもの頃に図書館で読んだ偉人の話？

それともビジネスを大成功させた億万長者でしょうか？

はたまたＩＱが１４０以上ある人？

いずれにせよ自分からはまったく遠い存在

と思ってはいないでしょうか？

天才なんて自分には関係ないと思っている方もいらっしゃるかもしれません。

では、天才はどのように作られるのでしょうか。遺伝子？　突然変異？

いいえ、それは要素でしかありません。

実は、天才は、まずは自らの天才性を発掘し、その天才性に忠実に生きることによって作られるのです。

つまり、**天才＝「天才性を知ること」**＋**「天才性に忠実に生きること」**です。

どちらが欠けてもダメなのです。

ここでいう「天才性」とは、個人が生まれた時に授かっている、他者とまったく異なる特性のことです。天才性は個性や才能とも違います。個性は能力よりキャラクター（性質）に近く、才能は能力を表すもの。個々人に固有のものというよりも、「あるタイプの才能の

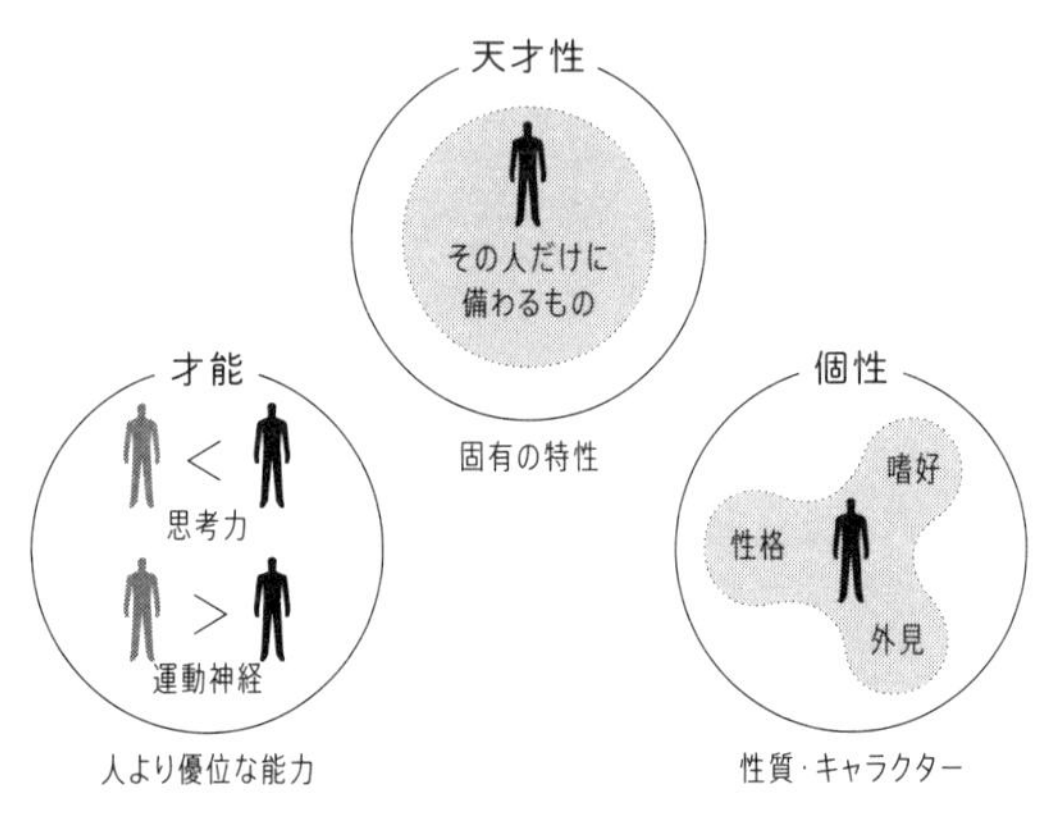

・「天才性」とは、個人が生まれた時に授かっている、他者とはまったく異なる特性のこと
・性質・キャラクターを表す個性や、能力を表す才能とは違い、固有のもの

図表0-1　個性・才能・天才性の違い

ある人たち」のように集団でも語れるうえ、1人で多くの才能を持つ多才な人もいます。しかし天才性は個々人に特有で、1つとして同じものがありません。そして「あいつは次元が違う」というふうに〝次元〟のレベルの違いで語ることができます。

人間は皆、人と異なる特性を必ず持って生まれます。なぜならば、人類という生物種は、個々人が異なること、つまり天才性を持ち、その異なる人々が協力し合うこと、つまり社会性の掛け算によって厳しい生存競争を生き延びてきた生物だからです。

しかし多くの人は自分の天才性に気が

ついていません。あるいは子どもの頃は自由に自分の好きなことに没頭していたのに、忘れてしまっている人も多いと思います。自分の天才性に気づかず、また、それを活かすこともなく人生を終えてしまうのは、もったいないように思います。

加えて、自分の天才性をある程度知っていても、社会に適合できずに結局、既存の仕事をしながら暮らしている人も多いでしょう。それも残念なことです。

アインシュタインは誰もが認める天才でしょう。アインシュタインが天才になったのは、自分の天才性を知りそれに忠実に生きるという2つの要素を満たしたからです。

アインシュタインは大学受験の時、勉強をせずに臨みました。そのためひどい点数でした。ただし数学と物理が圧倒的にできていたために特別に入学が許されました。彼はこういう経緯で自らの天才性（彼にとっては特殊性）に気づいていきました。

しかし授業に出ていないために肝心の大学の成績は凡庸、教授からは疎んじられて、就職は失敗、定職につかない期間も長く、友人のコネで特許庁の一職員として働いていました。結局、アインシュタインが大学の先生になるまでに十数年を費やしました。それでも彼は報われない時代、各国の大学の先生に論文を送ったり勉強会を主催するなど、退屈な特許庁の仕事の時間の合間をぬって自分の天才性に忠実な暮らしを送ったのでした。

またアインシュタインはコーヒーが大好きでした。しかし生涯にわたって一度として自分でコーヒーを淹れたことがないといいます。これは周りが気を利かせて淹れてあげたのでしょう。

こう見ると、若い頃のアインシュタインは社会的には成功しているようには見えないかもしれません。しかし彼には人に好かれる愛嬌があり、頼りになる友人がいて、そして何よりも社会と一定の距離をとって自分に忠実に生きる勇気があったのです。その才能と環境がアインシュタインを天才にしたのでした。

天才性に基づいた生き方を選択し、天才性にしたがって生きるための環境を設計する一連のプロセスをジーニアスファインダー©と呼びます。

私がこのジーニアスファインダーを提唱し、それを実践してきた経緯を少しだけ述べます。

私（山口揚平）と兄（山口和也）は、10年前、「武者修行プログラム」を創業し、大学生を中心にその人の「天才性」を見つけ挑戦を助ける仕事をしていました。兄は年間1000人、総計で約3800人の学生一人ひとりと真剣に向き合う作業を淡々と続けました。残念ながら2020年10月に難病によって47歳の生涯に幕を閉じたわけですが、膨大な実例を残してくれました。

一方、私のほうは、自分の起業から売却を終えた2010年から10年間、十数社の創業を自ら行ない、あるいはその支援をしてきました。当然、それぞれの企業には社長がいます。その社長たちは皆、それぞれまったく異なる天才性を持っています。そしてその天才性を活かすために、裏方の経営面をサポートするのが私の会社の役割です。業界は多種多様、いわゆるテックベンチャーから劇団、リトリートホテル、エコヴィレッジに至るまでの様々な企業群で、それを束ねるのはまっすぐに天才性を生きる社長たちです。

私は投資や支援をする時にこの人の本質やミッションは何かを問い、そしてその天才性を見極め、そこからブレずに生きているだろうか？という一点のみ考えてきました。業種も業態も問わず、儲かるかそうでないかなどはまったく考えませんでした。自分の天才性に忠実に生きることがその人にとっても周りにとっても幸せをもたらすと思っていたからです。

実際、自分の天才性を見つけ、自分なりにミッションを見つけた人は、他人の視点に振り回されず、自由にストレスも少なく仕事をしています。たとえば、一緒に事業を行なっているロボティクス会社のＣＥＯ林摩梨花氏は、アンドロイドの専門家である石黒浩博士に「1秒たりとも好きではないことはしてはならない」と10年前に言われ、悩みぬいた上で、自分の使命や行動指針が定まったそうです。そして林氏は、自分の心の内から本当に沸き起こる使命と多少でも他者より秀でていると思われる天才性を活かして動きはじめた時、環境や仕事が整いはじめた、と言っています。

他にも大学時代に自分のミッションを見つけてそのまま起業した人、30歳で会社を辞めて自分の信念に合った新たな事業を起こした人、35歳で自分の天才性を活用し転職間もないうちに管理職候補として期待されている人、40代で大企業を辞めて新たな道を踏み出し

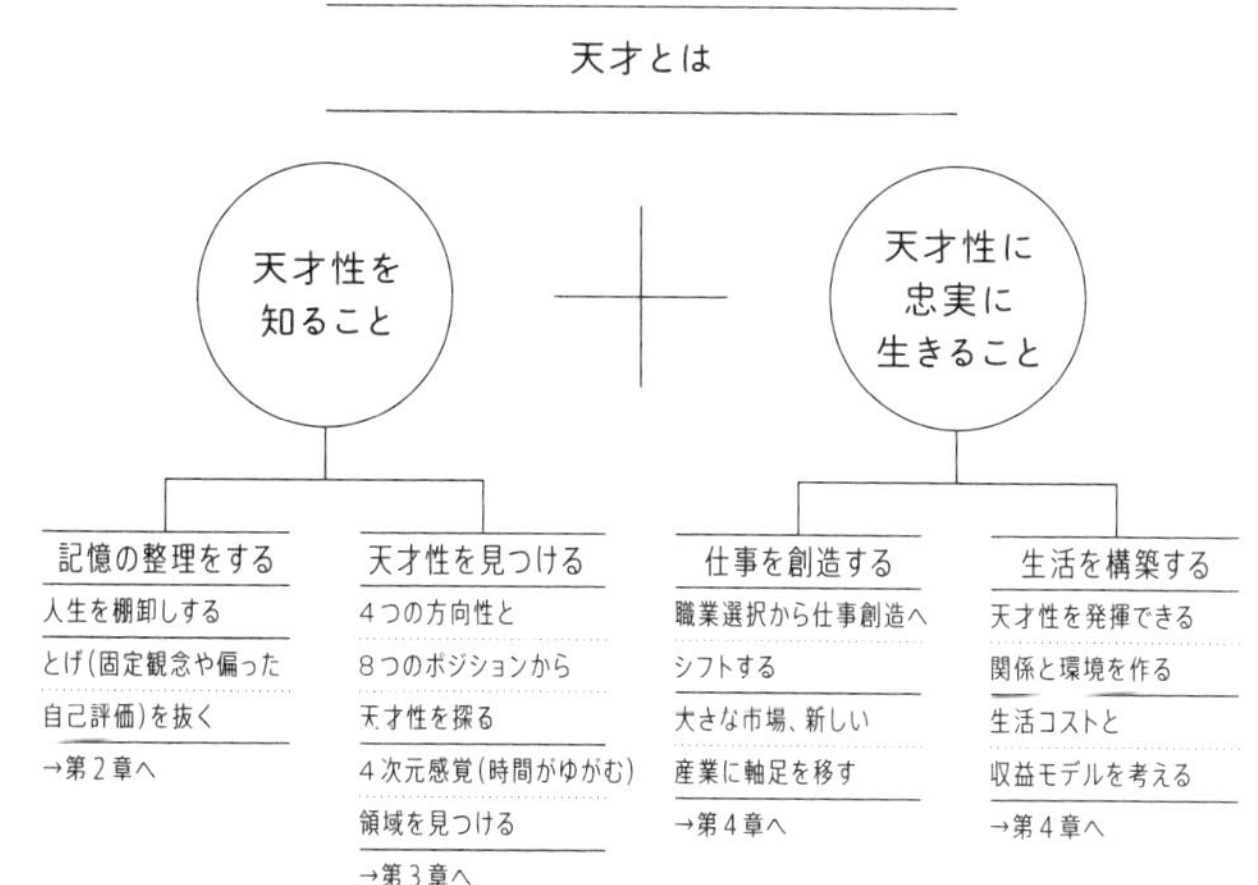

ジーニアスファインダーは、10歳のようにワクワク生きる人を増やすために
天才性から人生を構築する方法です

図表0-2　天才とは天才性に忠実に生きる人

たことで、自分が心からやりたいことを見つけた人――。

もちろんすべての人が順風満帆ではないかもしれませんが、自身の天才性と、それを活かせる方向性・場所を見つけた人は、その後も毎日を納得して過ごしています。

実は私自身もその1人です。勇気のなかった私は15歳から社会のレールに合わせて生き、30歳になってようやく修行を終えて職場を離れ、自分の道を歩み続けました。それ以降、多くの失敗・挫折を経験しました。いまだに成功したとはとてもいえません。

ただ1ついえることとは、自分が真に「生きている」と実感しているということです。青臭い言い方ではまさに青春のまっただ中にいます。本心・本音で率直・素直に感謝・感動しながら、まるで10歳の子どものように、毎日、泣き笑いしながら生きています。単に「**息をしている**」**のでなく、**「**生きている**」と感じられるのはそれ自体が幸福なことなのかもしれません。

繰り返しになりますが、私たち兄弟がこの10年間の数千人との対話を通して気づいたことは世の中には天才がいるのでなく、自分独自の天才性を自ら発掘し、磨き上げ、そしてそれに忠実に生きている人がたくさんおり、それが最高の人生につながっています。

本書では、その人生を変える最大の武器ともいえる「天才性に忠実に生きる」方法を紹介したいと思っています。付録のアクティベーションコードではWEB診断やワークシートのダウンロードができるWEBサイトにアクセスできますので、ぜひご活用ください。

目次

第3章　天才性を見つけよう

第1章
今こそ天才性を見つけよう

A table, a chair, a bowl of fruit and a violin; what else does a man need to be happy?

テーブルとイス、フルーツとバイオリン。
このほかに、人が幸せであるために
必要なものがあるだろうか？
―― アルバート＝アインシュタイン

なぜ今
天才性なのか

今は天才性に忠実に生きる人生をあらためてスタートするとてもよいチャンスだと思います。

1つは大きく社会が変化するそのちょうど〝うねり〟の中にいるからです。もう1つの理由は、時代のパラダイムがオペレーション（操業）中心から、個性（天才性）を必要とするクリエーション（創造）中心へと大きくシフトしたためです。

このような大きな社会変化の中では、じっくりと腰を据えて自分の本質に立ち戻り自分独自の幸せな生き方を模索するのがよいでしょう。

私たちは大きな変革の〝うねり〟の中にいる

大局的に見ると、これから2025年までの5年間は大きな混乱と変革の時代になると私は思っています。社会のシステムも、中心となる産業も変わらざるを得ないでしょう。それは周期的なものであり、変わることは必然なのです。そして私は大きな変革のうねりの中では下手に動かずじっと次の時代に向けて準備をするべきだと思います。

ここから、説明していきましょう。

2025年から振り返ることちょうど80年前、私たちは敗戦を迎え、焼け野原の中、ゼロから新しい産業（建設業・自動車を中心とした輸出産業、国内の新聞やテレビメディアや小売業）や社会のインフラ（国民皆保険・上下水道・教育制度など）を作ってきたのでした。それらがピークを迎え、じわじわと衰退してきたのが1990年代、そして2000年代は長期低迷期、2010年からはなんとかこの古くなった産業や社会インフラを延命させてきました。

積み上がる借金、増え続ける社会保障費など、新型コロナウイルスが流行する前から、こ

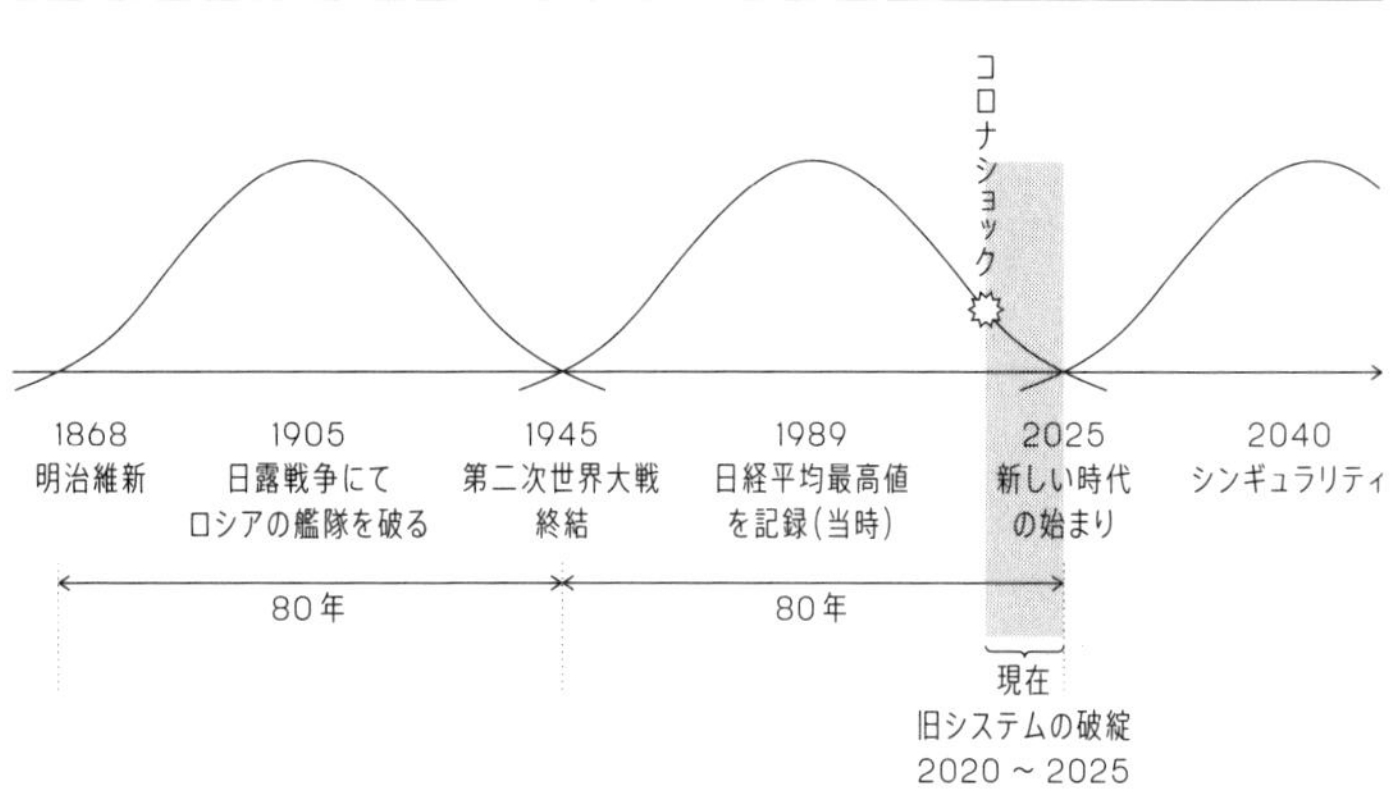

- 2025年までの5年間は大きな混乱と変革の時代になると考えている
- 大きな変革のうねりの中では下手に動かずじっと次の時代に向けて準備をするべき

図表1-1　時代の変化には周期性がある

の国は産業も社会も人々も疲弊していました。なんとかオリンピックまで臭いものには蓋をするという体制で動いていましたが、オリンピックが開かれたとしても、その後には膿が噴出するだけのように思います。

敗戦のそのまたちょうど80年前は明治維新の時期に当たります。それまでの幕藩体制が一新され和魂洋才・富国強兵をコンセプトに欧米の進歩的な制度を取り入れつつ、繊維産業や鉄鋼業が栄えたのです。そのさらに80年前も江戸の大きな改革が起こりました。80年を確実な周期というのは大げさですが、歴史的に振り返ってみても、大局的・長期的な視点に立つと今が変革期にあると納得できそうです（図表1－1）。

この大きなうねりを私たち一人ひとりが乗り越えるためには準備が必要です。その準備がまさに私たち個人の天才性を軸とした新しい生き方なのです。本書の後半に当たる第4章では、2020年から2022年を「嵐の前の静けさ（準備期）」、2022年から2023年を「クラッシュ（破綻期）」、2023年から2025年を「夜明け（創成期）」と名付けてこの大きなうねりの波を乗り切る方法について考えていきます。

空間から時間へとパラダイムが大きく変わった

天才性に忠実に生きることが有効なもう1つの理由は、時代のパラダイムが変わったことです。

時代を追ってみていくと、年号ごとにパラダイムが大きく変わっています。

	昭和 64年間	平成 30年間	令和 15〜30年間
中心テーマ	コンストラクション （製造） 2次元：作る技術	オペレーション （操業） 3次元：空間を超える技術	クリエーション （創造） 4次元：時間を超える技術
仕事	建設業など 資本力が重要	インターネットなど 空間を超える技術が中心。 組織力が重要	世界同時配信など 時間を超える技術が中心。 天才性が重要
生活	顔の見える関係で暮らす。 土着で移動が少ない	新幹線などにより移動が容易に。 不特定多数と SNSでつながる	コロナ・ショックで空間がゼロに。 時間の濃さや長さに 焦点が当たる

図表1-2　パラダイムが大きく変わった

仕事や産業面についていえば、建設業や重厚長大産業を中心とした**昭和はコンストラクション（製造）**の時代、本社のホワイトカラー層を中心に組織で動いていた**平成はオペレーション（操業）**の時代、そして**令和はクリエーション（創造）**の時代と私は考えています。

昭和は仕事のほとんどがコンストラクションの時代でした。いわゆる「三丁目の夕日」や「サラリーマン金太郎」に象徴される、どんどん上に作っていく2次元の時代です。

次の平成の30年間は、オペレーションの時代。トヨタの「カイゼン」がすごい、新幹線はすごい、地震でも止まらないぞというオペレーションを極めた時代になりました（ちなみに新幹線のすごさというのは、車体そのものではなく、時刻表通りに動くタイムマネジメント、天災や事故などのリスクマネジメントにあると考えられます）。この時代の産業の中心軸はインターネットです。空間を超える技術が普及し圧倒的にボーダレスになりました。これから昭和のコンストラクション（製造）、平成のオペレーション（操業）から、いよいよ本格的なクリエーション（創造）中心の時代に入るでしょう。クリエーション（創造）やその前提となるイノベーション（革新）が起こるには、異質の交流が前提になります。つまり異なるバックグラウンドや才能がぶつかり合ってその化学反応で新しいものが生まれるのです。

資本力が必要であったコンストラクションや、組織力が重要であったオペレーション（操業）と異なり、これからの時代は、個人の異なった天才性が発掘され、明確になっていなければなりません。ますますあなた独自の天才性が問われる時代になってきています。

それだけではありません。平成から令和へのパラダイムシフトは私たちの仕事スタイルから価値観、生活まで大きな影響を与えました。それは空間から時間への軸の変化です。

平成の時代の中心であったインターネットが牽引した距離を問わないコミュニケーショ

ンは、コロナ・ショックによる完全遠隔業務でとどめをさされました。世界からすっかり距離が消えたのです。今の時代、もう空間（距離）は問題ではありません。

海外に住む知人とコストをかけずにｚｏｏｍでビデオ通話ができるようになり、ｚｏｏｍの音声版ともいえる声だけのＳＮＳ「Ｃｌｕｂｈｏｕｓｅ」を通して世界中の人が場所を問わずにそれぞれが好きなテーマで議論しています。

すると退屈なオペレーション（操業）の仕事を安定・高給だからと割り切って続けるよりも、手触り感のある、自分にとってストレスなくリラックスして楽しめる仕事や拠点を選んで、それに合わせて生活を変えたほうが人生の時間が豊かなのではないかと考える人も増えるでしょう。都市から地域へと拠点を変えることで生活のコストもぐんと下がります。これからさらに**せっかくの人生の時間を自分の好きな趣味や天才性に基づいたライフワークに捧げたい**と考える人が増えるのではないでしょうか？

密度の高い時間は身近で親密な人と過ごすことの大切さともつながっています。人間とは、人と人の間、と書くように、私たちの幸せは人との関係の中にしかありません。私たち一人ひとりが一緒に過ごしたい人を厳密に選ぶように、一緒に居たいと思われる人に私たち一人ひとりが変わっていく必要があるのも、この時間の時代の特徴です。

「昭和」「平成」を過ごした方の中には、自然と「コモディティ（汎用品）」として生きることを強いられてきているケースもあるかもしれません。

私たちとかかわった方の中には、ずっと周囲に合わせながら、一流大学に入学し一流企業に入ったものの、その期待に応えるのが苦しくなり、途中で退職された人もいます。

私もそうでした。「はじめに」で書いたようにずっと社会に適合してきたわけですが、30歳を境に社会適合という「強迫観念」から放たれ、やっぱり自ら何かを創りたいという動機が生じました。やっと自分の天才性に基づいて無理せずリラックスして生きていこうと思いはじめました。令和になってからはその動きが加速してきているように思われます。

「強み（ストレングス）」から「天才性（ジーニアス）」へ

産業が成長し成熟していた昭和・平成の時代では、自分の他人に対しての相対的な「強み」を軸に、有望な職場を探すことが有効でした。しかし大きな変革の中で、次の産業や社会を新しく産み出していかなければならないのであれば、他人と競争するのではなく、他の誰とも被らない個人の天才性を軸にしなければなりません。これからは**職場を探すのではなく、仕事を創る姿勢**が必要なのです。職業選択から仕事創造へと考え方を変えていかなければなりません。

かつては、自分の強みを見つけることが流行っていたことがあります。相対的な自分の強みを見つけ他者と競い合える力を伸ばし適材適所を追求するものです。しかし、この時代に必要なのは、「ストレングス」(強み)ではなく、「ジーニアス」(天才性)を見つける「ジーニアスファインダー」だと考えます(図表1-3)。

これからは、まず自分の本質に立ち戻って、周りの環境を整え、そこから他者や地域に貢献し、お金を得られる仕事を徐々に外側に作っていくとよいでしょう。これまでのように職業を選択していれば、自ずと自分の生活様式が決まっていった時代とまったく逆になります。選択するのでなく創造する、その考えのもとでは、他の人と競い合う必要はありません。

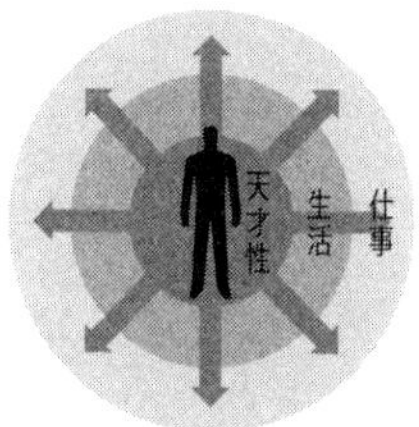

図表1-3　職業選択から仕事創造へ

社会よりも、個性を重視しよう

人間は社会性と個性の掛け算で生存競争をくぐり抜けてきた種です。

たとえば昆虫は群れを成すが個性は持ちません。一方で個性を持つが群れないネコやクマのような生物もたくさんいます。そんな中で個性があり社会性がある人間は生物界でも稀少な存在です。

当然、私たちにとって社会性はとても大事です。

私たちは、個人と社会のまったく異なる世界に同時に生きています。

そして今の社会は経済や制度も限界にきています。つまりとても繊細な社会ということです。さらに日本は島国で他国から海を隔てて隔離されているから大陸国家と違って、社会という存在がとても大事です。その日本社会という薄氷をみんなでじっと動かずそーっと支えている、というのが今の状態です。そんな中で、誰かがたとえば不倫をしてそれがバレるというのは、その極めて繊細な今の社会の秩序を壊す可能性がある、あるいは社会に〝ただ乗り（フリーライド）〟している危険分子だと人々は敏感に感じるということです。

もちろん多くの人はそれをうまく言葉にはできません。でもなんとなく気持ちよくない。浮気（不倫）は、所詮、個人の話としては当人が納得していればどうでもいいわけですが、社会という面では看過しがたいという理由は、社会は個人とは独立したまったく別物であり、どちらもとっても大事だと多くの人が感じているからです。

同じように、政府や大富豪が勝手にお金をばら撒けば、やがて円というものの品格と信用が問われ、その価値が国際的に失われ、日本社会とそれに属する日本国民みんなが迷惑します。だからお金は使う時より一層丁寧に扱わなければなりません。このように**社会性はとても大事**なのです。

しかし、**今は社会から少し距離を置き、自分や身の回りの人に集中すべき**時だと思います。

1つの理由は先ほど述べたように、経済が伸びなくなり社会が疲弊しているため社会規範や倫理が急に厳しくなってきているからです。芸能人のプライベートに対する執拗な追及、自警団、強すぎるコンプライアンス、そういったもので社会にいわゆるハンドルの〝遊び〟のような部分が少なくなっています。つまり社会に出ることがとてもリスクがある状態なので自分のことや内省に時間を使ったほうがよいと思われるのです。

もう1つは、硬直化した社会の水面下では、実は個人の価値観の変革や多様化が進み、個性を発揮して生きやすくなっていることです。たとえばLGBTQも浸透してきているし、シングルマザー・ファザーは当たり前になってきました。大企業がシステムの中心だと思っている人も少なくなり、自分たちが勝ち組だと信じている人も多くありません。個人の生き方については、社会に迷惑をかけない限り自由なのです。

この変化は徐々に起こっていましたが、新型コロナウイルスの出現はさらに色々なことを露呈してくれたと思います。誰もがステイホームせざるを得ない状況になることで、これまでの引きこもりがマイノリティではなく、おこもりというマジョリティのスタイルにもなってきています。

通常とは違う環境を過ごすことで、今まで感じていた社会の同調圧力から解放され、「結局今までは、会社に自分の時間を安売りしていた」と気づいた人も多いかと思います。ステイホームしていても、思ったより効率は落ちず、意外と時間の密度が濃い生き方ができた。しかもリラックスして仕事ができるし、家族がいれば一緒に居られる。むだな会議や出社はもういらない、飲み会や付き合う人も選びたい……。こんなふうに、より時間の密度を濃く生きることが新しい幸せの指標になってきました。

客観的、社会的な価値観に振り回されるよりは、主体的、主観的なものを大事にしながら自分の範囲の中で丁寧に快適に自分のスタイルを守って生きていくということは、「快」、今でいうウェルビーイングにつながります。自分にとっての「快」は、まず自分を知らなければどうにも決定できない。そうでなければ、単にメディアや世の中的なものに合わせることになってしまいます。みんながみんな観葉植物に囲まれておしゃれな家に住みたいわけではありませんし、ブランド品を持ちたいわけではないと思います。「自分とは何か」というところからはじめなければ、自分がどうすれば快適なのか、自分は誰と付き合えるかということもわからないはずです。自分を知って活かしていくことで、自分が望む幸福が手に入れられるのです。

今だからこそ、世の中の基準に合わせることなく、自分自身を深く知り、自分の天才性を見つけることで、生きやすくなるのではないかと思います。

こういう時は**個人の将来や健康に留意したおこもり生活をするほうがよい**のです。

ジーニアスファインダー©の3つのステップ

さてここからは、ご自身の天才性を見つけ、それを活かしていくための手順（ジーニアスファインダー）を簡単に紹介していきます。

詳しい方法は第2章から第4章までで説明していきますが、まずは流れだけ押さえておいていただけたらと思います。

ジーニアスファインダーのステップは以下の3つで構成されています。

STEP1　「とげぬき」。過去（記憶）を整理して幼少期に植え付けられた自己評価や偏見を洗い流すこと

STEP2　「天才性の抽出」。自分のコア（存在の本質）から輝き出る光である天才性を明ら

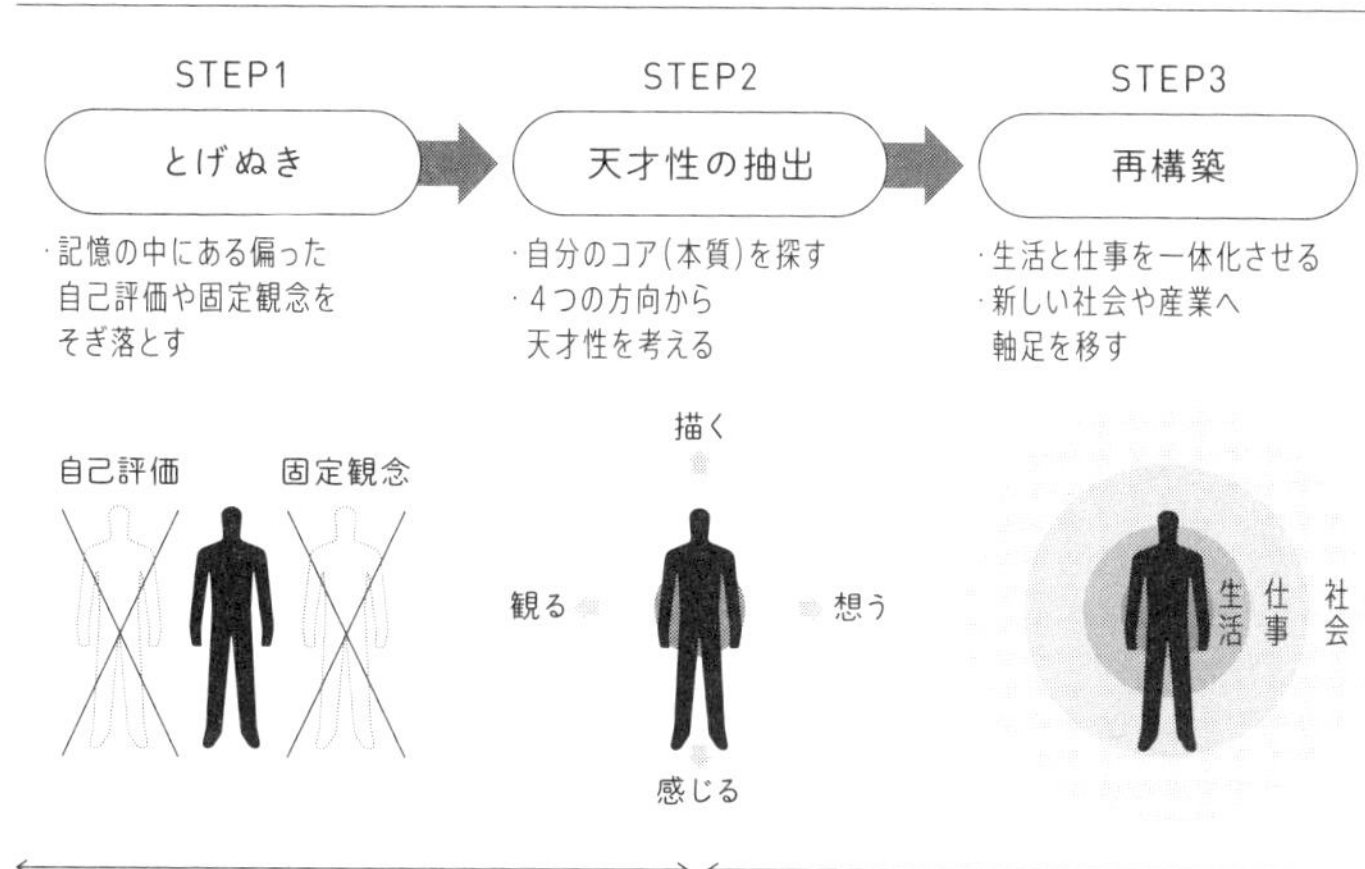

天才性の発見には、
とげぬき、天才性の抽出、再構築の3つのステップがある

図表1-4　天才性を生きる3つのステップ

かにすること

STEP3 「再構築」。天才性に基づいた生活環境や仕事を作り直すこと

主に、①「とげぬき」から②の自分のコアの発掘までを兄・和也が行ない、②「天才性の抽出」から③「再構築」を弟・私（山口揚平）が担当しています。

なお、天才性を発掘する際には、自分で行なう方法と、他者から客観的なフィードバックを得ながら見つける方法があります。実際はメンタリングを行ないながら個人の微細な天才性を発掘していくのですが、今回は書籍ということもあり、読者の方がご自身でできるところを中心に紹介していきたいと思います。読者の方には、**ジーニアスファインダーのサイト**（**http://geniusfinder.me**、次ページ）で新しい情報やより深い知識を得られるようサポートします。

この3つのステップは、次のような方法で行ないます。

ステップ1　人生の棚卸し（とげぬき）

最初のステップは過去の人生の棚卸しをして余計な記憶となっている固定観念や偏った自己評価を「とげぬき」するというものです。健康でいえばデトックス、クレンジング、大掃除ということになるでしょうか？「とげ」は悪いものではありません。ただ可能性を阻害するだけです。人は、記憶や体験にしばられて価値観を形成していきます。その価値観に基づいて行動し、人生が方向づけられていきます。皆さんも（私自身も）過去の人生で起こったこと、原体験に自然に縛られています。そうやって社会と折り合いをつけてゆき、ス

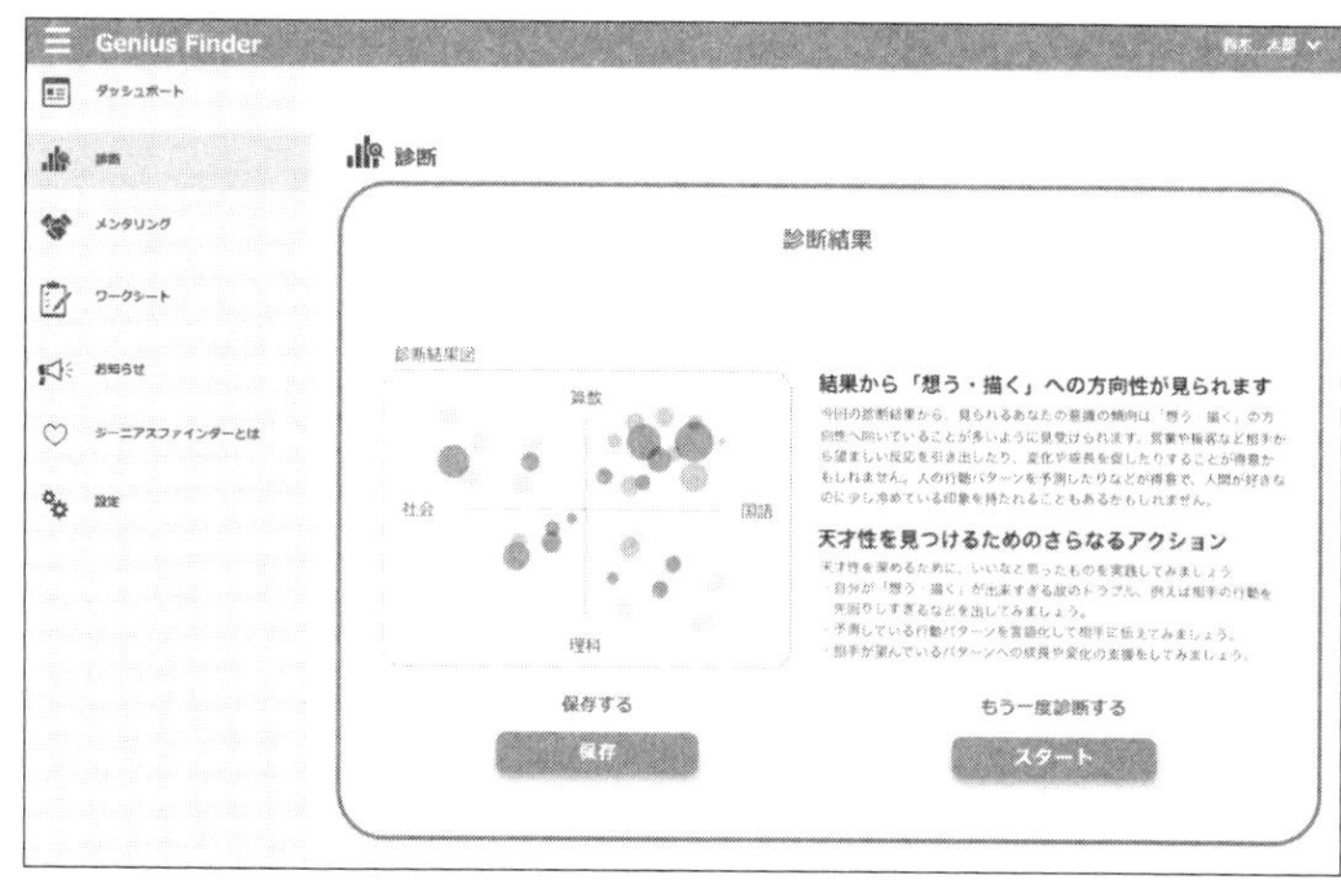

図表1-5　ジーニアスファインダーのウェブサイト＊

トレスを減らしてきたのでしょう。

しかし、それらの記憶や体験がトラウマとなってあなたの天才性を覆い隠してしまっていることがあるかもしれません。

ですからまずは物心ついた頃（5歳から現在に至るまで）に起こったこと（人生のイベント）、それに対する当時の感情、今思い起こしてみた時の感情などを洗い出してみましょう。沸き起こった欲望や妄想、持っていた偏見、強い怒りの感情や、後悔の念、消化されない憎悪、それらすべてを書き出してみましょう。

念押ししたいのは、これらは決してよくないものではないのです。ただ単に自

＊ 画面は変更される可能性があります

分の中に存在しているだけのものです。ですからいたずらにこれらの感情にとらわれず、淡々と書き出せるといいですね。

それでも最初は「こんなことを感じていた自分が恥ずかしい」とか、「こんな感情は誰にも話せないよ！」と思うこともあるかもしれません。書き出すこと自体が苦しい時があると思います。その時は無理せずにできる範囲で行なってください。もし苦しくなったら書いた紙は棄ててしまってください。

これを続けていくと徐々に少し本心・本音を書き出せるようになるかもしれません。そうなったら儲けもの。もうあなたの「とげ」は溶け出しています。あとは時間が、とらわれていた過去のあなたの考えをすっかりやさしく洗い流してくれるのを待つだけです。

少しずつ、そして何回も繰り返し無理なく行なうのがこのワークの最大のコツかもしれません。過去の記憶を自分の中から抜き取って外部に出すことは、パソコンでいえばハードディスクのメモリーを外部に移して動作を軽くするようなものです。

その後、シートをもとにメンタリングを受けたり、仲間とワークショップなどを行ない、自分の棚卸ししたもの（のうち、外に出せるもの）をシェアしてフィードバックを受けるとより深く自分の固定観念や偏った自己評価への理解が進むと思います。

繰り返しになりますが、過去の事柄も感情も否定する必要はありません。良いも悪いもなくただ存在しているだけなのです。

ですから、これらを評価することなく「ふむふむ」と客観的にみつめていてください。それらをやさしく包み込んで溶解していくのです。

ステップ2　天才性の抽出

次のステップはいよいよ天才性の抽出です。

「天才性の抽出」は丁寧にできるだけ細かいレベルに落とし込む必要があります。たとえば、コミュニケーションが得意、努力家である、などのざっくりしたレベルでは誰にでも通用するので天才性を表すには十分ではありません。

天才性を言葉にする時には、（**本質に迫るという意味で**）**抽象的であり、**（**他者とは違うという意味で**）**より微細であり、**（**実際の仕事や生活に応用できるという意味で**）**できるだけイメージがしやすい形にすること**が必要です。

そのためには、自分の天才性について解像度を上げて考えてみます。それが行なえてはじめてジーニアスファインダーがパワフルに機能します。

この作業は、「自分は何々が得意だ」といった主観的な認知に加えて、他者からの客観的なフィードバックがあったほうがよいと思います。本来であれば、自分の天才性を正確に表すための語彙を持つプロのジーニアスファインダーのメンターをつけて伴走してもらいながら行なうのが有効です。ジーニアスファインダーのウェブサイト（http://geniusfinder.me/）でも順次ご紹介する予定です。

本書の中では少しでも多くの人に天才性に気づいてもらえるように、簡易的な分類ができるものを用意しました。それでも自分の天才性が眠っている方向性はつかむことができるでしょう。

大事なことは、傾向や特徴を知ることではなく本質を突き詰めることです。その具体的なステップは第3章をご覧ください。

ステップ3　生き方の再構築

ある程度、自分の天才性に肉薄することができたら、最後の局面では、天才性に基づいて人生を再設計する作業を行ないます。

具体的にはどのような仕事（職業）に就き、どういったライフスタイルをとるのか？を考えることになります。

この作業のポイントも、細かく解像度を上げて考えるということにあります。

仕事についていえば看護師やエンジニアになる、金融業を選ぶ、小売店で働くといった業種・業態レベルではありません。具体的な会社名を考えるだけでも物足りません。どんな業種や業態、会社でも通用する内容、つまり自分のどういう特性を使ってどのようなスタンスでどんな組織でどんな機能を提供し、価値貢献をするのかまで考えます。仕事だけでなくライフスタイルも同様で、誰とどこに住み、どういう環境が自分にとって快適かを考えるのです。

そして**大事なことはライフスタイルが先で、仕事**（**職業**）**が後**ということです。これまでは仕事ありきで、生活や健康は二の次の人も多かったでしょう。しかし新しい時代ではまずライフスタイルを決めてから働き方を考えるのが重要です。再構築については第4章で詳しく取り上げます。

さて、3つのステップを述べてきましたが、大事なことは**この1〜3のステップは順番に行なうのでなく、いったりきたりしながら何回も行なう必要がある**ということです。

おそらく期間的には3か月から半年、できれば2年ぐらい継続して行なうとよいでしょう。そして自分でやりながらも友人や他者やメンターからもフィードバックを受けることです。あるいはワークショップを開いて楽しみながらやってみてください。

再度ワークシートを見直す時は、以前書いたワークシートを使うのではなく、新しいワークシートをダウンロードして白紙からやり直すとよいと思います。1つのシートに付け足していくとそのシートに書かれた内容に引きずられて新しい記憶や感情がよみがえらないからです。1日3分だけでもよいのでワークシートを埋めながら考えてみてください。

次章以降では、事例を出しながら詳細を説明していきます。

なお、事例については、誰にでも経験のある、特に若い世代（20代）を中心にピックアップしていますが、本書自体は20歳だけでなく、30歳、40歳、50歳前後の人生の「節目」にあるすべての人を対象に書いております。

第１章のまとめ

1 私たちは大きな変革のうねりの中にいます。次の時代に合わせて準備をしよう。

2 平成のオペレーション（操業）から、令和のクリエーション（創造）の時代に変わった。天才性を見つけておくことがとても大事。

3 ジーニアスファインダーは、①とげぬき（記憶を整理して幼少期に植え付けられた自己評価や偏見を洗い流すこと）、②天才性の抽出（自分のコア〈存在の本質〉から輝き出る天才性を明らかにする）、③再構築（天才性に基づいた生活環境や仕事を作り直す）の３つのステップがある。

第２章
記憶を整理しよう

「自分の棚卸し」で自分を閉じ込めている「とげ」を抜く

Common sense is the collection of prejudices acquired by age 18.

常識とは18歳までに身につけた偏見のコレクションのことをいう。

―― アルバート＝アインシュタイン

記憶の中の自分は
本当の自分じゃない？！

さていよいよ皆さんそれぞれの天才性を探していくプロセスに入るわけですが、その前にやや難しいけれど大切な話を述べます（飛ばしてもかまいません）。

それは「自分とは何か」ということです。

そもそも「自分」とは何でしょうか？

「相手の言うことがいちいち気になる」「行動力はあるほうだけど、何か1つに決められない」

など、それぞれの方に「自分はこうじゃないか」というものがあるかもしれません。

しかし、それは本当に自分を表しているでしょうか。

私たちは生まれてきてから、様々なことを経験していますし、いろんなことを言われて育ちます。学校でこんなことを教えられたとか、この教科が苦手だったとか、大事な人に言われた言葉でショックを受けたとか。こんなことの蓄積で、いわば「本当の自分」の周りに、「余計な自分の情報（記憶）」がついて見えなくなっていることがあります。

したがって、「本来の自分」が持っている天才性を見つけるなら、一度、「余計な情報（記憶）」をはがしてあげる必要があるでしょう。

自分探しでなく、自分〝はがし〟

これまでの時代は外の世界に自分探しをする人がたくさんいました。私の若い頃も沢木耕太郎氏の『深夜特急』（新潮社）が流行り、インドやヨーロッパに自分探しの旅に出る若者がたくさんいたのです。当時、「進め！電波少年」という番組で有吉弘行氏（当時のコンビ名は「猿岩石」）が、ヒッチハイクでユーラシア大陸を横断するという企画が大ヒットしました。若い人は今のバラエティで活躍するちょっと毒舌の有吉さんしか知らないかもしれませんね。当時の彼は純粋で破天荒な22歳でした。

しかし奇しくも同じ年にはじまった1995年からのインターネットの台頭であらゆる情報が閲覧できるようになり、世界中を結ぶLCC（格安航空会社）によって、地球のあらゆる場所が非日常空間ではなくなってしまいました。今ではエーゲ海に浮かぶ美しい島、サントリーニ島でもWi-Fiがつながりますから、ハネムーンの男女が別々のタブレットで動画や日本のニュースを見ることができてしまいます（ちょっとムードに欠けてしまうかもしれません）。世界中の国々の価値観も似てきてしまいました。外の世界をどれだけ見聞しても「自分」を見つける刺激に出会うことはありません。そうなると外の世界を旅して行なう「自分さがし」ではなく、過去の記憶（自分史）を丁寧に見つめることで自分の本質を削り出すという「自分はがし」が必要になっています。それがステップ1の人生の棚卸しです。

自分を閉じ込めていたことに向き合おう

私たちが今持っている天才性を発揮できない理由の1つに、「自分を閉じ込めているもの」の存在があります。多くは、「自分はこれはできないのではないか」「自分にはこれは

STEP1

とげぬき

・記憶の中にある偏った自己評価や固定観念をそぎ落とす

STEP2

天才性の抽出

・自分のコア(本質)を探す
・4つの方向から天才性を捉える

STEP3

再構築

・生活と仕事を一体化させる
・新しい社会や産業や職業を探す

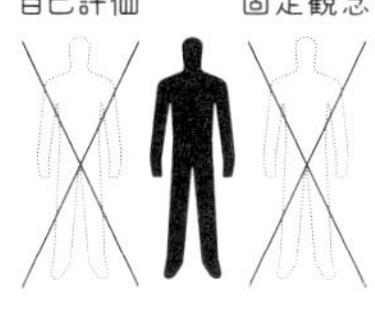

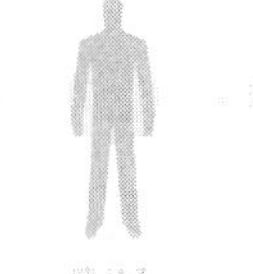

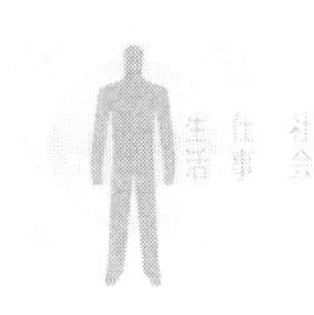

図表2-1　STEP1　とげぬき

合っていない」という自分への偏見（思い込み）です。私たちは、その偏見を見つけて取り除くことを「とげぬき」と呼んでいます。

とげぬきは、人生を振り返り、そして自分の偏見に向き合うことを通して行ないます。

過去を丹念に振り返っていくと、たいていはもともとあった天才性を封じ込めてしまった誰かの一言に気づいたりするものです。「あなたはこの程度」とか、「君は○○にはなれない」といった、自分でも忘れていたような些細な一言です。あるいは、のびのびと過ごせない環境から逃げられず封じ込められていたという経験を持つ人もいるかもしれません。

親がよかれと思って通わせた習い事が、残念ながらその人の「とげ」になってしまっていることもあります。たとえば私の幼少期は、習い事が苦痛で仕方がありませんでした。私の場合、ラグビー、空手、水泳、テニス、バスケ、乗馬、書道、ソロバン、英会話、夏休みには夏期講習とアメリカンスクールのサマースクール……と、実にたくさんの習い事を親の意向でしていました。しかし、そのどれもが今となってはほとんど身についておらず、記憶の奥底に罪悪感と無能感、トラウマが溜まるという結果に終わりました。その感覚は尾を引き、スパルタ指導とアメリカ嫌いを克服するまでに十数年を有したほどです。

このように人生を振り返ることで、次のようなことがわかってきます。

・自分が本当に好きなこと（とその深い理由）
・自分を突き動かすモチベーション（動機）の中心にあるもの
・自分が遺伝的な（克服できない）レベルで得意なことや苦手なこと
・自分の偏見（認知のゆがみ）とそれが生まれたきっかけ
・普段、蓋をしている深い悩み（トラウマ）

以上のような自分を構成する項目がわかっているととても楽になります。「今の自分はこういう人間でそれができてきたのはこういった経緯があったのか！」と自己を俯瞰できるからです。条件反射のように起こってしまう考えや行動から、「あ、また同じ考え方をしている」と一呼吸置き、別の考え方も選べるようになるのです。

もちろんそれがわかることと、克服したり伸ばしたりして変化させることはまったく別です。しかしまずは客観的に今の自分をつまびらかにして外に書き出すことで、焦点を当てることはできます。意識の焦点を当て続けさえすれば、虫眼鏡で太陽の光を集めて白紙に穴をあけるようにやがては消し去ることもできるのです。

自分の傾向を一つひとつ俯瞰し解放していくと、そこではじめて真っ白でピュアな赤ん坊のような存在が見えます。あとから身についた固定概念や思考のクセはあなた自身が生まれながらにして持っていた知覚とは関係がないものであり、極端な言い方をすると「あなたのものではない」のです。

あなたが自分らしさを見つけたい、個性を活かした仕事がしたいと思っているとしても、「あなたのものではない」ものが刺さったままでは自分がよく見えません。今あなたが強く天才性を生きることを求めているのであれば、少し大変でも、この「とげぬき」をきちんと行なっておいたほうがよいと思います。

人生を振り返る方法

さて、人生を振り返る具体的な作業に入りましょう。まずは横軸にゼロ歳から現在までを5歳単位で目盛りをつけて線を引きます（52ページ図表2－2）。もしくは、小学校、中学校、高校といった区切りで12歳、15歳、18歳などと分けてもよいですし、特に節目と感じていることがあれば、その年齢を記入してもよいと思います。そして縦軸には以下のことを書いていきます。

◆やったこと…出来事とそれに対する自分の行動を書いてみましょう。

・印象に残っていること・経験

・特に嬉しかったり悲しかったり、固まってしまったりと強く気持ちが動いた経験

・前後で大きく変化を感じる経験
・自分の個性が活かせた経験
・失敗・成功を感じた経験

過去の写真を見返したりすることなども有効です。自分で覚えていなければ周囲から言われていた印象なども書いておきましょう。

◆感じたこと…自分の感情と、その時に求めていたことについて書いてみましょう。

・窮屈に感じていた、喜びを感じていたなど、その時抱いた気持ち
・求めていたこと、その場面においてしたかったこと

例：試合に出て自分の力を発揮したかったが、出られずに、悔しい気持ちを抱いた。
例：みんなと感動を分かち合いたかったが、その相手がおらず寂しく感じた、など。

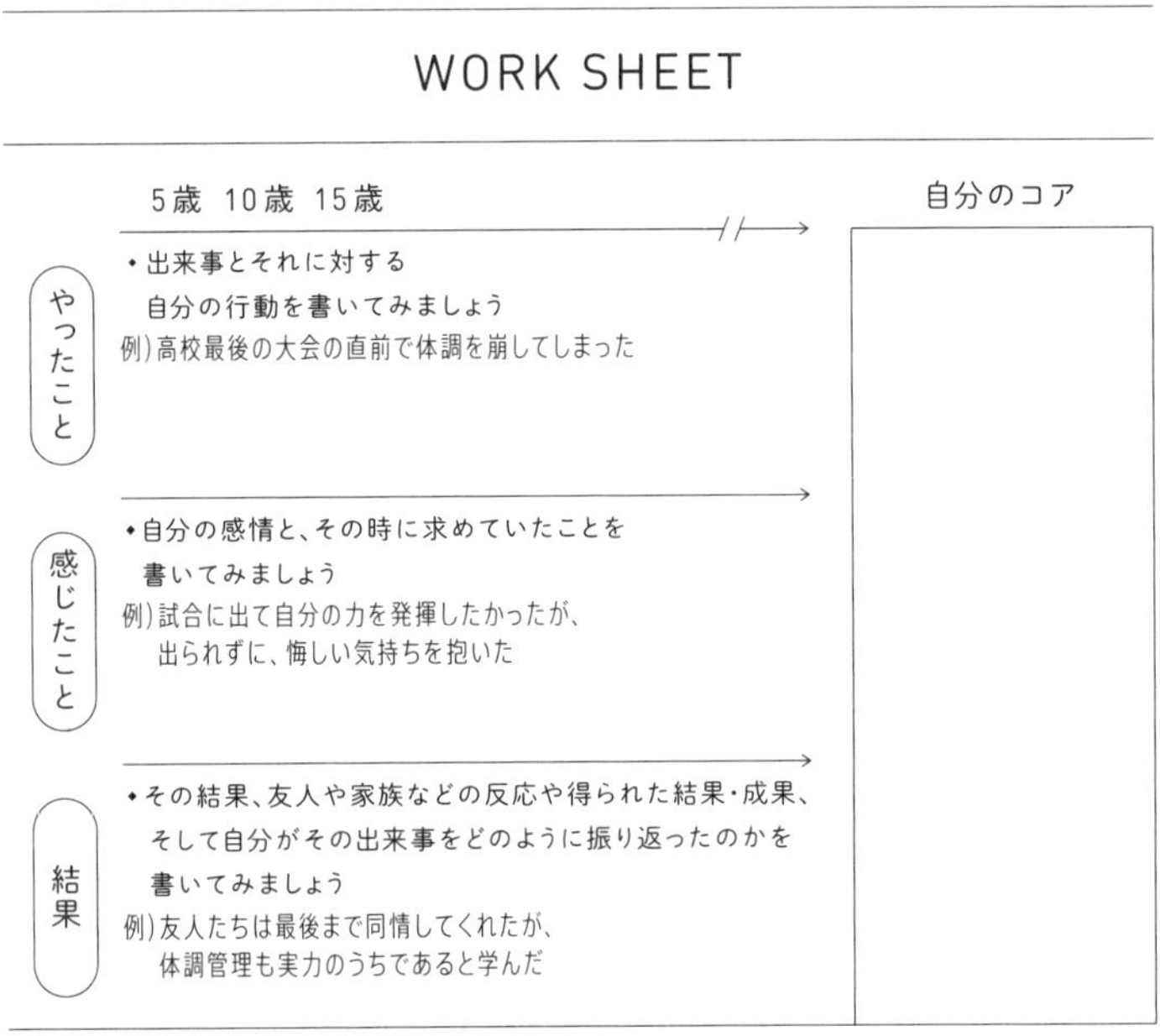

WORK SHEET

5歳　10歳　15歳

自分のコア

やったこと
・出来事とそれに対する自分の行動を書いてみましょう
例）高校最後の大会の直前で体調を崩してしまった

感じたこと
・自分の感情と、その時に求めていたことを書いてみましょう
例）試合に出て自分の力を発揮したかったが、出られずに、悔しい気持ちを抱いた

結果
・その結果、友人や家族などの反応や得られた結果・成果、そして自分がその出来事をどのように振り返ったのかを書いてみましょう
例）友人たちは最後まで同情してくれたが、体調管理も実力のうちであると学んだ

図表2-2　「棚卸しシート」*

◆結果…その結果、友人や家族などの反応や得られた結果・成果、そして自分がその出来事をどのように振り返ったのかを書いてみましょう。

・友人の反応（あなたの行動を受けての相手の言動）や、その結果得られた社会的・組織的評価（〇〇賞を受賞した、クラスの人気者になった、〇〇大会の出場を逃した、など）

・自分が考えたこと（教訓・思考）

*「棚卸しシート」は、ジーニアスファインダーのサイト（https://geniusfinder.me）にてダウンロードできます

起きた出来事は自分の記憶に残っていること、ご家族などが記憶（記録）していることなどなんでも結構です。できるだけ多く書き出しましょう。当時、はまっていた趣味でも、深いトラウマになっている嫌な出来事でも、人には決して言えない恥ずかしい話や自分だけがわかっている欲望でもなんでも結構です。とにかく全部吐き出して書き出すことが大事です。もちろん一度にすべてを出すことは不可能ですので何度も繰り返しやりましょう。

人生の濃度は7歳までで50%?!

振り返りの中でも、**特に重要なのは5歳から15歳くらいまでの期間**です。生涯のある時期における時間の心理的長さは年齢に反比例するといわれていることからもわかります。この理論は、19世紀のフランスの哲学者ポール・ジャネが発案しました。* たとえば、50歳の人間にとっての10年間は5歳の人間にとっての1年間に当たるというもので、この論に則ると、7歳までに人生の50%が経過していることになります（次ページ図表2－3）。

特に、物心ついた時の5歳から15歳に受けた刺激は大きく、その後の状況判断や行動に

＊ Pierre Janet, L'évolution de la mémoire et de la notion du temps, A. Chahine, 1928

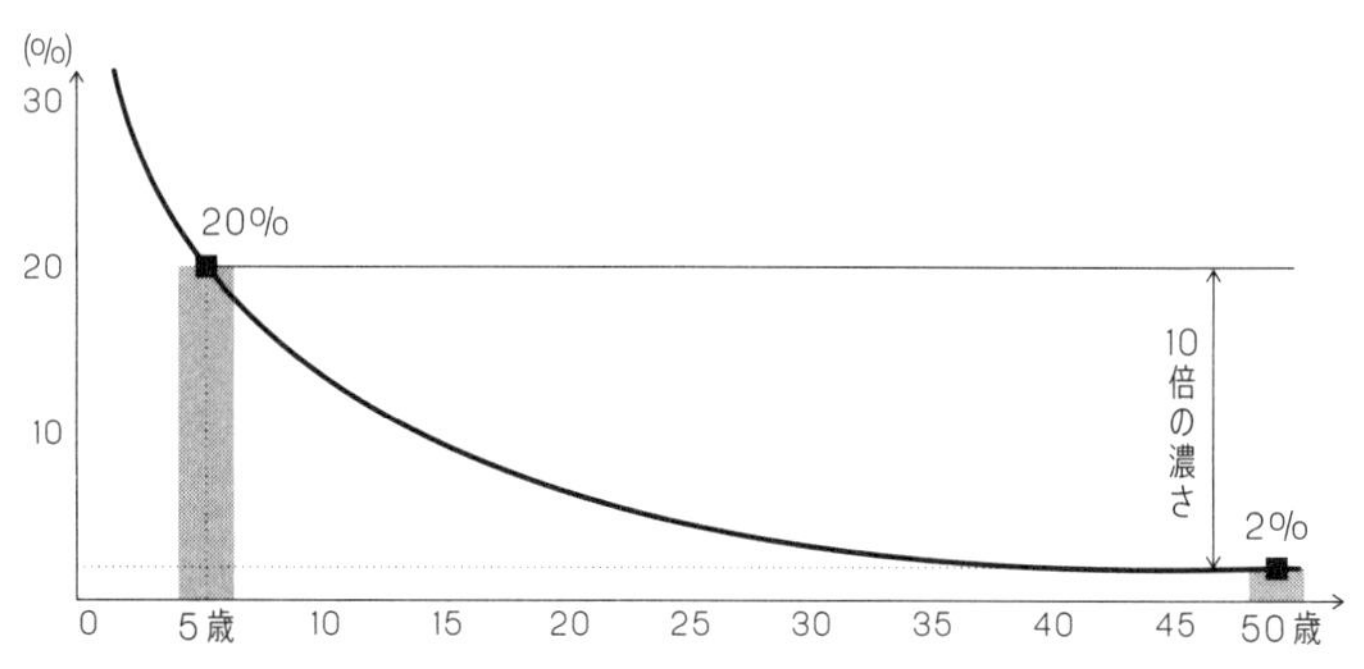

- 19世紀 のフランスの哲学者ポール・ジャネが生涯のある時期における時間の心理的長さは年齢に反比例するという理論を発案した
- この法則から考えると、5歳の1年は50歳の1年の10倍の濃さがある

図表2-3　ジャネの法則による時間の心理的長さ

影響を与えます。

それが、習慣や常識になっていくわけですが、環境や時代背景が変わるため、子どもの頃の慣習がそのまま人生に踏襲できるわけではありません。自分本来の輝きを阻害するものは記憶と偏見と常識です。その囚われから脱出するのが最初のステップなのです。

人生の棚卸し（私の場合）

恥ずかしながら人に言える範囲で、15歳までの自分自身の棚卸しを簡単に共有します（56ページ図表2－4）。

子どもの頃にはまったものは釣りや卓球や図画工作、細密画などでした。物語やその世界観が好きでした。外国のファンタジー小説や歴史小説にはまりました。ファミコンなどは買ってもらえませんでしたが、自分でボードゲームを作ったり、パソコンでプログラムを書いていました。苦手なものはバスケットボールやアメリカンスクール、キャンプでした。

そこからわかるのは、自分は手首や視覚・聴覚などの細かい動きが得意な反面、体幹を使ったダイナミックな動きが苦手だということ。小説などから物語の筋（流れ）を楽しむことより、その世界観を全体的にイメージすることが得意で好きだったのでしょう。物語の筋を書くよりビジネス書や哲学書を書くのが得意な今につながっています。

SFよりも歴史やファンタジーを好むのは、すでに起こったことに対する安心感や未来という見えないものに対する不安感が強く、小心な性格だったのかもしれません。創意工夫が好きだったため、中学校以降は、試験や勉強に対しても学校の先生の言うことは聞かず、自分独自の方法を見つけていました。たとえば自分で独自に模擬試験を作って、当時珍しかった書店のコピー機で大量にコピーして何度も解いて楽しんだり、世界の歴史を1枚の絵で表現するフレームワークなどを作りました。これらはある分野（たとえば法学や簿

WORK SHEET

23歳	自分のコア
・人間関係では、多くの人と接するより少数の仲間（5人くらい）と深くつながっていた ・自意識が強い ・今でも幼稚園、小学校、中学校、高校、大学、社会人同期、2社目、3社目、起業時などそれぞれのステージで5人くらいの仲のよい友人がいる	・全体観・世界観を作ることが好き （その背景にはどうやら 全体観をとらえることで 安心感を得ることができるから） ・他人や既成のやり方ではなく 自分のやり方と創意工夫で取り組むのが好き ・体幹の弱さが弱点 ・クラスでの苦手なグループに対する 当時の嫌悪感が価値観をゆがませていた

WORK SHEET

	5歳	10歳	15歳
やったこと	・釣りや卓球や図画工作、細密画が好きだった ・外国のファンタジー小説や歴史小説にはまった	・自分でボードゲームを作ったり、パソコンでプログラムを書いていた ・苦手なものはバスケットボールやアメリカンスクール、キャンプ	・自分で独自に模擬試験を作って何度も解いて楽しんだり、世界の歴史を1枚の絵で表現するフレームワークなどを作った ・勉強も塾や先生の言うことは聞かず、自分独自の方法を見つけていた
感じたこと	・小説等から物語の筋（流れ）を楽しむことより、その世界観を全体的にイメージすることが得意で好き	・嫌々やってトラウマになった	・創意工夫が好き
結果	・すでに起こったことに対する安心感や未来という見えないものに対する不安感が強く小心な性格だったのかもしれない	・手首や視覚・聴覚などの細かい動きが得意な反面、体幹を使ったダイナミックな動きが苦手	・ある分野（たとえば法学や簿記資格など）では手こずるけれど、今の仕事には向いている ・3か月の受験勉強で大学に合格した

図表2-4　「棚卸しシート」（著者・山口のワークシート）

記資格など記憶を重視する分野）では非効率な時もあります。

人間関係では多くの人と接するより少数の仲間（5人くらい）と深くつながっていました。今でも幼稚園・小学校、中学校、高校、大学、社会人同期、2社目、3社目、起業時などそれぞれのステージで5人くらいの仲のよい友人がいます。これもよい面、そうでない面があります。

さて、このような棚卸しの結果、私自身については以下のようなことがいえそうです。

・自分が本当に好きなこと（とその深い理由）↓全体観・世界観を作ることが好き（その背景にはどうやら全体観をとらえることで安心感を得ることができるから）

・自分を突き動かすモチベーション（動機）の中心にあるもの↓他人や既成のやり方でなく自分のやり方と創意工夫で物事に取り組むこと↓それが非効率になることもある

・自分が遺伝的な（克服できない）レベルで得意なことや苦手なこと↓体幹の弱さかな

・自分の偏見（認知のゆがみ）とそれが生まれたきっかけ↓クラスで苦手なグループに対する当時の嫌悪感が価値観をゆがませているのがわかったので、現在では積極的に同窓会に参加

・普段、蓋をしている深い悩み（トラウマ）↓これは秘密にしておきましょう笑

いかがでしょうか。少しでも参考になれば幸いです。

20歳、30歳、40歳、それぞれの節目のとげぬきの違い

20歳前後のとげぬきは、兄和也が得意としてきたもので、幼少期に押しつけられてきた固定観念と自己評価を洗い流すことに主眼があります。このゴールは、自分の黒歴史を1つ、たとえばあだ名の由来など、を笑って周囲に話せるようになることです。これで人生が大きく自由になっていくのです。

30歳前後のとげぬきは、社会人生活の転換が主な目的になるでしょう。今までやってきた社会での立ち位置や身につけたスキルの本質を残して、それ以外の要素、たとえば会社独自の文化やスタイル、人間関係などを切り離して、自由に羽ばたいていくことが目的になります。具体的なゴールは、転職・起業・結婚・留学などかもしれません。

40歳前後のとげぬきの中心は、すっかり大人になってしまった自分を振り返り、このままの人生を消化試合に終わらせないための再スタートを切ることにあります。特にとげぬ

きすべきことは、自分が身につけてきた社会常識の洗い流しです。社会の中心はもう自分の世代ではなく若い世代に移っています。ですから男女関係・雇用関係を中心にコンプライアンスや言葉遣い、思考パターン、生活スタイル（清潔感など）を変えていかなければなりません。加えてスキルセットも専門性・語学力・テクノロジーへの対応・業務遂行手法を学びなおさなければなりません。

自分でとげぬきをしてみよう

1人でとげぬきをする場合は、書き込んだ「棚卸しシート」を手元に用意し、次の質問に沿って、とげを発見してみてください。

ただこのワークが苦しければ、一切やらずに飛ばしてしまって結構です。ジーニアスファインダーは自己啓発ではありません。自然な自分に立ち返ることが目的ですので、無理なワークは禁物なのです。

とげぬきの方法

◆とげぬきに関係する出来事を洗い出す質問

・5歳、10歳、15歳の前後に強い印象がある記憶を1つずつ挙げてください。

特に、「この話はできれば思い出したくない」「自分のせいじゃない、○○のせいでこうなっている」「いまだに出来事が終わっていない（喧嘩別れしたまま謝まれていない、諦めてしまってそのままになっている）感じがする」など、**未消化な感覚が残っているもの**をピックアップしましょう。

◆**とげを明確にする質問**

・強い印象を持っている出来事のうち、**1つの場面を映画のワンカットのように思い浮かべます**。自分の立っている位置、体勢、周囲のモノ、明るさ、色彩……。

・ワンカットの中に入り込み、その時の自分の感覚を思い浮かべてみましょう。見えるもの、匂い、音、温度……できるだけ鮮明に思い出してください。

・感じていた気持ちは何でしょうか。感情が形になり、体のどこかにあるとしたらそれはどんな形、色、硬さ、温度でしょうか？　体にあるという感覚がわからない人は、言葉でも絵などに表してもかまいません。そのイメージが湧いたら、じっくりと体にある感情を感じてみましょう。

・その場面で自分が考えたことを言葉にしてみましょう。「どうせ私は○○だ」「○○しないと△△ではないから、しょうがない」という形にしてみましょう。

この時、感情を感じないために無理やり作り出した考えが、「とげ」です。状況を変える力がない子どもにとって、「とげ」を刺すことで自分を納得させ、その状況に順応することが唯一の自分を守る方法でした。ですから、子どもが置かれているある状況においては、「とげ」は重要であり、子どもの心を外気から守る洋服のようでもありました。

しかし、大人になり環境に働きかける力を持つようになると、サイズの合わない洋服のように、動きを制限させる「とげ」になってしまうことがあります。

◆とげを抜く質問

・その場面において、自分が求めていたことは何だったでしょうか？「○○してほしかった」「○○したかった」というふうに記載してみましょう。

・その場面の中で、その時自分が求めていたことを相手に伝えたり、本当はそうしたかった行動をとった時の、相手の反応や状況は、どのようなものでしょうか？　また否定的な態度が返ってくると感じた場合は、**相手とわかり合えるまで伝えてみましょう**（劇の主人公になったような気持ちで、頭の中で展開を想像してみましょう）。

・その場面で今のあなたが、その時の自分に対して声をかけることは何でしょうか？　同じことを起こさないために、今、何を約束しますか？

例1　Aさんのとげぬき

実際の例を見ていきましょう。

◆**とげを明確にする**

・やったこと

5歳：幼稚園のクラスの目立つ女の子に「あなたはかわいくないから仲間に入れてあげない」と言われた。

・映画のワンカットのようにありありと思い浮かべる
晴れた日の園庭でその子に近づいていったら、いきなり言われた。その後、その子は何人かの友達と遊びにいってしまった。

・その時の自分の感覚
いきなり冷水を浴びせられたような感覚。

・その時に感じていた気持ち
急に言われてびっくりして何も言えなかった。幼稚園やこれまでの楽しかった毎日から、突然拒絶されたような気持ち。なんで私は仲間に入れてくれないんだろうと思った。悲しく、無力な気持ち。

・その場面で自分が考え、教訓として受け取ったことを言葉にしてみる
どうせ私は他の子よりもかわいくないし、仲間外れになってもしょうがない。

幼児期に「仲間に入れてあげない」と言われた記憶から、思い起こしていきます。この例では「かわいくないから仲間外れになっても仕方がない」のだと理解してしまった自分に気づき、自分に刺さっていた「とげ」を見つけています。

そして次にとげを抜くステップに移ります。

◆**とげを抜く**

・やったこと

5歳：幼稚園のクラスの目立つ女の子に「あなたはかわいくないから仲間に入れてあげない」と言われた。

・自分が求めていたことは何だったでしょうか？

自分も仲間に入れてほしかった。一緒に遊びたかった。

・その場面の中で、その時自分が求めていたことを相手に伝えたり、本当はそうしたかった行動をとった時の、相手の反応や状況は、どのようなものでしょうか？　また否定的な態度が返ってくると感じた場合は、相手とわかり合えるまで伝えてみましょう。

やっぱり「嫌だ」と言われてしまうかもしれないと思ったけれど、伝えてみるとその友達から「今日は○○ちゃんと○○ちゃんで、おめかしして遊ぼうと言っていたの。昨日の遊びの続きだから、知らない人にじゃまされたくないと思って。また遊ぼうね」と言われた。

・その場面で今のあなたが、その時の自分に対して何と声をかけますか？　同じことを起こさないために、何を約束しますか？

悲しかったたね。自分が仲良く遊びたい気持ちとそれが叶えられなくて残念に思ったことを、今度は伝えられるといいね。そして友達と、そんなことを言い合わなくていいような関係を作っていこう。そのために、今の私は自分の気持ちや身体を大切にし、相手に伝えられるようにしていくね。

とげを抜くステップの最後は、直接本人に伝えるのではなく、自分の想像の中でかまいません。相手に伝えて望ましい反応が返ってくるまで根気よく伝えましょう。感情のゆれがおさまるまで、その場面で感じ続けることがワークの根本です。

もう1つ、事例を紹介します。

例2　Bさんのとげぬき

◆とげを明確にする

・やったこと

10歳：失敗した時に先生に「いつもお前はバカだな」と言われて、クラスのみんなも笑っていた。

・映画のワンカットのようにありありと思い浮かべる

授業中に手を挙げて意気揚々と答えたら、まったく違うことを言ってしまい、恥ずかしかった。それだけならよかったのだけれど、いつもフォローしてくれる先生から「いつもバカだ」と言われて、頭が真っ白になった。

・その時の自分の感覚

顔が熱くなって、頭が真っ白になり、その後何も聞こえなくなった。

・その時に感じていた気持ち

やさしい先生だったのに、いつもそんなふうに思われていたのかとショックだった。それでも、怒って場がしらけるのも嫌なので、一緒に笑っていた自分も嫌だった。

・その場面で自分が考え、教訓として受け取ったことを言葉にしてみる

どうせ自分はバカなのだから、周囲に合わせているしかない。

◆とげを抜く

・その場面において自分が求めていたことは何だったでしょうか？

出来はよくなかったかもしれないけれど、頑張っていることは認めてほしかった。

・その場面の中で、その時自分が求めていたことを相手に伝えたり、本当はそうしたかった行動をとった時の、相手の反応や状況は、どのようなものでしょうか？　また否定的な態度が返ってくると感じた場合は、相手とわかり合えるまで伝えてみましょう。

その授業が終わった後、「頑張っていることは認めてほしかった。それなのにあのような言われ方をして、悲しかった」と伝えると先生は「そうだよな。ごめんな。クラスのみんなに何か言われて恥ずかしいかと思って、とっさに茶化してしまったんだ」と先生から答えが返ってきた。

・その場面で今のあなたが、その時の自分に対して何と声をかけますか？　同じことを起こさないために、何を約束しますか？

いつも積極的に自分の意見を発信していた自分を誇りに思うよ。これからも色々な反応が返ってくるかもしれないけれど、わかり合いたい人とは話をすればいいし、そうでないなら相手に配慮しつつも積極的な態度は貫けばいいよ。そのために、今の自分はまず行動できたことを自分自身で褒めてあげて、違う意見の相手ともわかり合えるように話の練習をしよう。

「とげぬき」が完了したといえるのは、過去の自分と似た状況に出くわした時、気持ちが揺れたり元の考え方がよぎったとしても、その自分を俯瞰し、以前の行動とは違う、自分の望みに沿った行動を選択できた時です。その時、考え方の偏りから抜けだせたといえます。ですので、過去のことを回想した最後は必ず、**「繰り返さないために、今、何を自分と約束するのか」**を明確にし、明確にするだけではなく実際にその行動を積み重ねることが重要です。その積み重ねが自己俯瞰の習慣として定着していくのです。

他人の〝本音・本気〟のフィードバックで、自分の立ち位置を理解する

私の兄が代表を務めた旅武者の武者修行プログラムでは、チームでの面談、もしくは個

人面談でこの「とげ」を特定し、どのように解決していけばいいのか話し合います。

2つの方法があります。

1　直接その言葉を発した相手と対峙する

たとえば、親に兄弟と比較され続けたことが自分のとげになっているとします。そんな時は、まず親にそのことを「ただ言ってみる」ことが大事です。率直に聞いてみると、意外と親は「そんなこと言ったかな？」と覚えていないこともあります。あるいは本人のためにも「よかれ」と思って言っていたことに気づくことがあります。たとえば「本人のためにもっと上を目指してほしかった」などです。また、親も自分が子どもだった頃の部活のコーチにそう言われ続けていたことに縛られていたことがあるなど、経験を話してくれるかもしれません。こうして、自分のトラウマや偏った自己評価を作った原因について「理解」することで徐々に脱却していきます。これは一番強力な解決策です。

また、**体験的にとげが刺さった理由の8割は親からのもの**であることが多いです。

実際、親の影響はとても強く、そこからの脱却に時間がかかるケースがあります。そんな時の対処法は、親を味方につけてしまうことです。
ワークとして以下を書き出すのが有効です。

1　親への三大感謝は何か？
2　親からもらってしまったこと（影響）
3　今、実際に困っていること

注意点は、その人を責めるのではなく、「自分が当時感じていたことを『ただ言う』」ことです。すると相手はその時どう思っていたかについて、ちゃんと対峙して話してくれ、自分のトラウマが解ける可能性が高まります。

2　本気でフィードバックしてくれる人から本音を言ってもらう

とげの原因になった人（たとえば親）が亡くなっていたり、受け入れてくれなかったりしそうな場合、**二次的な手法として**「**本気でフィードバックしてくれる人から本音を言ってもらう**」という手段があります。ただし、**人は他者からの本気のフィードバックでしか自**

分の立ち位置を理解できません。そのため人選に注意しましょう。

どんな人がいいかというと、相手のことをよく見ている人です。そして、相手への忖度なしに、本気でフィードバックをくれる人。たとえば、「ちょっと○○さんってコミュニケーション能力高いよね」といった浅いことではなく、「○○さんって、人の表情とか感情とかを本当によく見ているよね。今日の朝のミーティングの時も××さんの発言に△△さんが顔を曇らせたのを見て、すかさず『今、どんなこと考えてる？』って聞いていたじゃない？」といった、本当にその人に集中してよく見ていた人の発言は、一生役立つ大切なものです。私はこういう「他人の〝本音・本気〟のフィードバック」でしか、自分の立ち位置を理解できないと考えています。

信頼できる人に見てもらうと、「自分は気づいていないが他人は知っている自分」に気づくことができます。たとえ親に「お前はできないと言われ続けた」という過去があったとしても、心を許している多くの仲間に「自分のできるところ・いいところ」を言ってもらうことができれば、自分には、できるところ、いいところがあるのだということに心から気づくことができるのです。

Genius Story　Sさんの場合

最後に、実際のシート（次ページ図表2－5）を見ながら、具体例を紹介しましょう。

Sさんの5歳頃の記憶は、泣いている子に寄り添っていた、というものでした。当時の連絡帳には「今日も、気がつくと泣いている子のそばに駆け寄り、お菓子を渡したり、話を聞いてあげたりしていました」と書かれています。

小学校に入ると、そんな自分をどこかでヒーローに重ねるようになりました。あぶれる人がいないように心がけ、友人たちの信頼を集めます。

高校時代に強く印象に残っているのは、友達が喧嘩に巻き込まれている時、怖くて逃げてしまったことです。

Sさんのワークシートの例をもとに、1人でとげぬきを行なう流れを詳しく見てみましょう。

WORK SHEET

20歳	21歳	22歳	自分のコア
・武者修行に参加	休学 ・メディア立ち上げ3か月、キャピタリストでのインターン3か月 ・就活をする友人が悩んでいたため相談に乗ったりしていた	起業 ・友人を介して現代表と出会い起業	
・色んな家庭環境を持っている人たちと関係性を作れた ・「自分が理想とする人間関係」を体現できたときに自分は幸福を感じた	・インターンを通して起業家にたくさん会ったが、自分自身にサポートできている感じがまったくなかった	・友達のセーフティネットになりたい ・社会が友達に与えている影響に対して、自分自身が解決したい	
・周りの人を大事にして生きていきたいことに気づいた ・周りから「人を大切にできる」とフィードバックをもらった	・1年間インターンを続けても意味がないと感じた	・バイトしながらの起業だったが資金調達を実施 ・少しずつ収益化してきた	

WORK SHEET

◆過去の経験について、やったこと、感じたこと、その結果について書いていきましょう

	～6歳	10～15歳	17歳	18歳
やったこと	・周りのことがよく見える。泣いている子がいたらすぐに駆け寄る	・「ONEPIECE」や「ドラゴンボール」などを夢中で読む ・修学旅行の頃、障がいがあったりいじめられやすいクラスメイトと一緒に組んだ	・クラスの友人がトラブルに巻き込まれる。怖くて逃げ出してしまう	・受験に失敗。浪人することに決める
感じたこと	・共感性が高く、人の気持ちが入ってくる感覚がある。困っている人を放っておけなかった	・漫画の主人公はあぶれる人がいないようにするリーダーが多い ・自分もそのようになりたいと思うようになった	・その時の感情に流され、自分の大切にしたい価値観(＝弱い立場の人を助ける)を曲げてしまう	・人間関係をリセットできたらいいなと思った ・浪人時代は友達をつくらず、ほぼ1人。そのとき考え続けていた
結果	・「Sさんはやさしい子。困っている人がいたらすぐに助けます」と幼稚園の連絡帳に書かれた	・体育祭では副団長に選ばれる。周りの人からの信頼が厚い	・友人を避けるようになり1人行動が増える ・実家から一番遠い大学を受けた	・自分の軸みたいなもの、美しいこと、悪いこと、自分自身でカッコいいと思う像が固まった

図表2-5　Sさんの「棚卸しシート」

◆とげぬきに関係する出来事を洗い出す質問

・5歳、10歳、15歳の前後に強い印象がある記憶を1つずつ選んでください。

5歳頃の記憶：泣いている子に寄り添っていた。敏感ですぐに泣き出す子、遊びたいけれど友達に声をかけられない子を先生よりも早く見つけ、そばにいてあげる子どもだったと言われている。当時の連絡帳には「今日も、泣いている子のそばにいて元気づけていました」と書かれていた。

10〜15歳の記憶：小学校に入り、漫画にハマるようになると、そんな自分をどこかでヒーローに重ねるようになった。あぶれる人がいないようにする、弱い人に寄り添う、そんなリーダー。クラスで嫌な思いをしている人を察知しては、遊びに誘ったり近くにいって話しかけたりして、過ごしていた。おかげで体育祭では副団長に選ばれ、周りの人から信頼を集めたように思う。

17歳の記憶：高校時代に強く印象に残っている記憶がある。友達が喧嘩に巻き込まれている時、怖くて逃げてしまったこと。

◆とげを明確にする質問

・映画のワンカットのようにありありと思い浮かべる

強い印象を持っているのは、高校時代のこと。友達が喧嘩に巻き込まれている時、怖くて逃げてしまった場面。喧嘩から逃れるように逃げ込んだ空き家の中の湿った空気や、外から差し込んでいる光が埃(ほこり)でぼやけている風景。朽ちてシロアリが行列をなす柱に、コンクリートの土間と埃の混じった砂。扉が開かないよう塞ぎ、しゃがみこんで赤色のスニーカーをじっと見つめていた。

・その時の感情・感覚

その時、外から怒号が聞こえて怖くなり、警察のサイレンが聞こえた隙に、一目散に家に帰った。全身がこわばるような、氷の薄い膜が体を覆っているような感覚だった。

・その場面で自分が考え、教訓として受け取ったことを言葉にしてみる
その日は眠れず、「自分は周りの人たちを大切にすることはできない」という言葉を頭の中で反芻し、その場面の自分を知っている友人たちを避けるようになった。
「今の薄っぺらい人間関係を変えたい」と実家から一番離れた大学を目指すことに決めた。

このように、友達の喧嘩に巻き込まれたことで「とげ」が刺さったSさんですが、浪人時代に突入した際にそのとげに徹底的に向き合う時間が訪れます。

〈とげを抜く質問〉

・その場面において、自分が求めていたことは何だったでしょうか？「〇〇してほしかった」「〇〇したかった」というふうに記載してみましょう。
浪人中は友人とつるまない、と決め、内省する時間が増えた。すると、あの時遠くの大学に行きたいと思ったのは、人間関係の問題というよりも、「自分がかっこいいと思う姿＝人のために力を尽くせる状態」からはかけ離れていて、それについても

やもやしていたことに気づいた。

・その場面の中で、その時自分が求めていたことを相手に伝えたり本当はそうしたかった行動をとった時の、相手の反応や状況はどのようなものでしょうか？　否定的な態度が返ってくると感じた場合は、相手とわかり合えるまで伝えてみましょう。

自分は、友人が困難な状況にある時でも逃げずに、立ち向かい、力を貸せる存在でありたい。そのために、警察が来たとしても、その場を離れず、最後まで友人を守りたかったということに気がついた。

そして、それができたら、友人から「Sさんは、困った時ほど頼りになる」と嬉しい言葉をかけてもらえるだろうと想像した。

・その場面で今のあなたが、その時の自分に対して何と声をかけますか？　同じことを起こさないために、今、何を約束しますか？

「かっこいいと思える行動」を取り続けること。

実際にSさんは、浪人時代に、自分のかっこいいと思えることは何かを考え、その時々に「かっこいい行動」を重ねることで、少しずつとげが抜けたのだといいます。

Sさんのストーリーを見ると、とげが刺さるタイミングは、「自分の信念＝友人を大切にしたい」を欺いた時と考えられます。その際に「自分はどうせ友人を大切にできない」という偏った自己認識が形成されます。

Sさんは、言い訳を頭の中で反芻し、友人たちから離れることで「自分自身を欺いたこと」を見ないようにしていました。たいてい、この「とげ」は、日常の中では気づけないものです。とげを抜くためには、周囲からの本気のフィードバックまたは浪人時代のSさんのように徹底的に内省するという手段があります。

また、Sさんは、過去を振り返ることで「自分は人を大切にできない」と心を閉ざしていたことに気づきました。その後、彼は自分の心を開くようになり、あらためて知った自分の価値観に基づいて仕事をはじめ、周囲の人との時間も大切にすることができるようになりました。大学に入り、学生が海外のリアルなビジネスの現場に挑戦するという、武者修行プログラムに参加。浪人時代に明確にした「仲間や他者を大切にする自分」を発揮し、周りの人からも「仲間思い」と言われています。

「とげ」に気づいた後、起業を決意

自分の「とげ」に気づいたSさんは、「友人を大切にしたい」という信念をストレートに行動していくことができるようになりました。

武者修行プログラムに参加した後、大学3年生の時に、Sさんは、休学してインターンを経て、友人を助けるために起業を決意します。

当時、友人は就職活動中。面接で受からず、評価され続ける毎日に疲れている学友たちを見ながら、「やりたいことができる力がついていない段階で就活しているから、わけがわからないことになっているのでは?」と感じ、それを解決する事業——大学生向けの長期インターン口コミサイトを立ち上げました。就活する友人を応援できる事業をはじめたのです。

Sさんの場合は、浪人時代に明確にした「かっこいい自分」に沿って行動し積み上げていくことで、とげが抜けていったと考えられます。

Sさんは、過酷な環境の中でも、1つずつ「友人を大切にする」ことを選びとっていきました。そのことによって、自分も充実感を感じ、周囲の人との団結が生まれます。それによって少しずつ、自分の中でパターン化されていた認知方法が修正され、「自分は人のことを大切にできる」と考えるようになりました。

Sさんは今、「周囲の人の些細な不調を察知し、周囲に適切に働きかけて全体に調和をもたらすこと」が自分の天才性ではないかと考えています。振り返ってみると、子どもの頃から困っている友人に声をかけ、今も就活で苦戦している友人たちの思いを察知して、彼らを助けようと動いています。

一見小さな天才性に見えるかもしれませんが、その能力がSさんにしかできないビジネスの原動力になっていると思われます。

Sさんのほかにも、自分の行動を妨げる「とげ」に気づくことで、人生が開けた人は少なくありません。

後でご紹介しますが、ある人は、弟の死に直面し、自分が相手（弟）の可能性を発見しても「どうせ無理だろう」と斜に構え、信じきれていなかったことに気がつきました。自分を振り返ることで、人のポテンシャルを引き出すことが自分の強みであると気づき、企業研修の会社を自分で立ち上げて、順調に利益を上げています。

また、人間関係がうまく築けなかった人が、その原因に気づき、それからはオープンハートで接することができた人もいます。とげが抜けることで、その人が持つ特有の知覚が機能するようになり、素直に表現できるようになります。そうすることで、特有の知覚がさらに磨かれます。

COLUMN

私は記憶でできている?!

さて、第2章では「記憶」を振り返ってきましたが、最後に、なぜ「記憶」なのかということについて、お話ししておきたいと思います。これは「自分とは何か」という話にもかかわってきます。

あらためて、皆さんは「自分」とは何だと考えているでしょうか？

自分とはいわゆる自分の肉体でしょうか？ いやいや感情だという人もいるかもしれない。脳神経ニューロンの働きや心臓が自分の本体だと思う人も少なくないでしょう。

どの答えにしても今わかっている範囲でいえば、それらの最小単位は素粒子というものになります。つまり私たちは粒子の集まりということです。粒子といってもイメージがつきません。なんだか無味乾燥としてとらえどころがないでしょう。キャラクターもみえません。それでいいのです。どこまで突き詰めても私たちは〝所詮〟粒子的存在に過ぎないのだ、とぼんやり知っておくことがのちのち大切になります。

その粒子が別の粒子とぶつかってエネルギーが生じ「知覚」が生まれます（次ページ図表2-6）。知覚するとは、単純なものでは五感（味覚・嗅覚・触覚・視覚・聴覚）で感じたり、頭の中にイメージができたり、感情が生まれたりすることです。もちろん私たちはもっと複雑なものを知覚できます。

その話はあとに譲るとして、さて**その知覚する主体のことを意識と呼びます。そしてこの意識が知覚することを認知といいます。認知のパターンのことを価値観（価値意識）と呼びます。認知の積み重ねを記憶といいます。**

すると私たちの一番のはじまりは知覚する主体である意識ということになります。このように考えると自分（私たち）は意識が知覚した記憶の集合体であるといえると思います。もちろん肉体を通して知覚することもあるので自分は肉体であるといってもよ

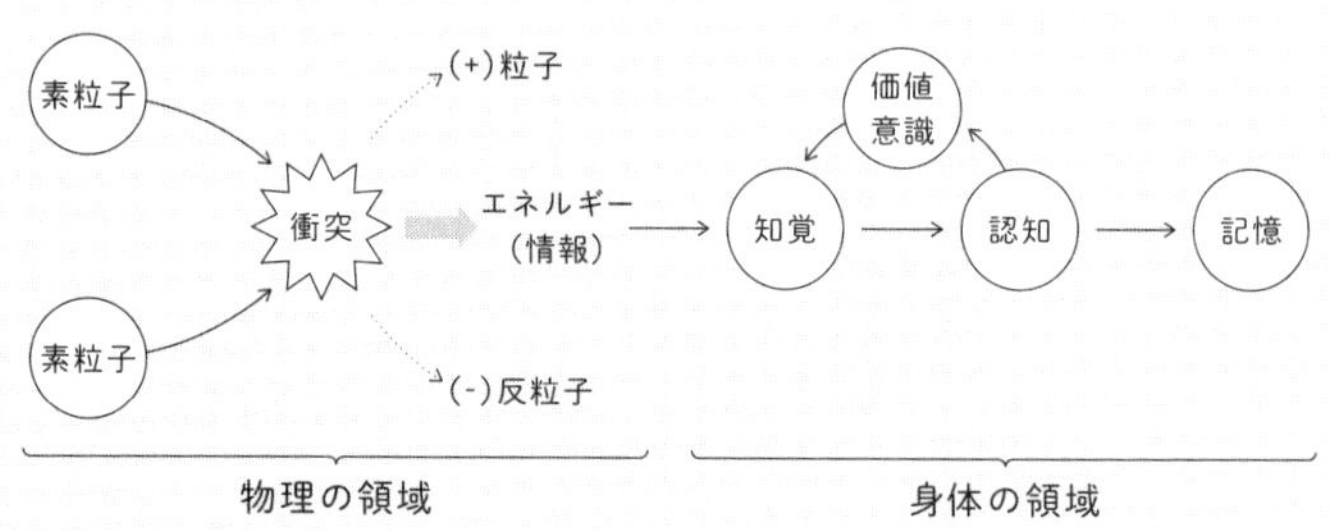

図表2-6　意識の生まれ方

いですし、ニューロンの刺激が知覚につながるのでそれを自分であると考えてもよいでしょう。しかし結局のところ、**私たちは「意識」とその知覚の結果である「記憶」でできあがっている**のです。

実は、その意識と記憶に着目して自分の天才性を紐解いていくのがジーニアスファインダーの手法なのです。ジーニアスファインダーは単に心理学やコーチングの具体的な手法ではなく、物理と身体の本質まで戻って、あらためて素粒子レベルの解像度で天才性を考えていくものです。

あらためて自分というものを過去の棚卸しをしながら整理してみると、いかに人間というものが記憶でできているかわかるはずです。記憶（メモリー）というのはすぐに取り出して現在の状況に応用して問題を解決したり、記憶そのものを思い出して楽しむにはよいものです。しかし、それ自身が偏ったものの見方を作ってしまったり、人や可能性を排除する危険を秘めています。ですからこの時期に徹底的に整理して必要のない記憶は一緒に消してしまいましょう。そして削って削って最後に残ったものがあなたのこれからの未来を創るコアとなるものです。その自分のコア（本質）を見つけましょう。まさに自分をデザインするのです。

デザインの語源は、デ（削る）・ザイン（形づくる）からきています。**付け足すのでなく過去の自分をはがしていくことで本質に基づいた自分を形づくること**。それがこの第2章の目的です。日本酒の獺祭（だっさい）は磨いて磨いて最後に残ったものを醸造しています。まさに混じり気のないできあがりになっているのです。美味しくないはずがないですよね。

第2章のまとめ

1 本当の自分の周りには、
余計な情報
（固定観念や偏った自己評価）
がついている。

2 「棚卸しシート」を使って
過去の記憶を洗い出し
自分を閉じ込めていたものに
向き合おう。

3 本音・本気の
フィードバックでしか
人は変われない。

第3章
天才性を見つけよう

I think and think for months and years. Ninety-nine times, the conclusion is false. The hundredth time I am right.

私は何か月も何年も考え続ける。
99回目までその結論は正しくないが、
100回目に正しい答えを出すことができる。
―― アルバート＝アインシュタイン

意識が向かう方向に答えがある

ここまでで、自分自身を発揮できなくしているものの正体をつかみ、より自由な自分を取り戻している方もいるかもしれません。

ここからは、ようやく自分の得意や天才性を抽出する方法を紹介していきたいと思います。

さて先ほど人間は「意識と記憶でできている」と書きましたが、今度は「意識」の話になります。

誰にでも「この分野はどうも気になってしまう」「これは得意」「これについては、時間を忘れて没頭できる」といったものがあると思います。

STEP1

とげぬき

・記憶の中にある偏った自己評価や固定観念をそぎ落とす

自己評価　固定観念

STEP2

天才性の抽出

・自分のコア（本質）を探す
・4つの方向から天才性を考える

描く

観る

想う

感じる

STEP3

再構築

・生活と仕事を一体化させる
・新しい社会や産業へ軸足を移す

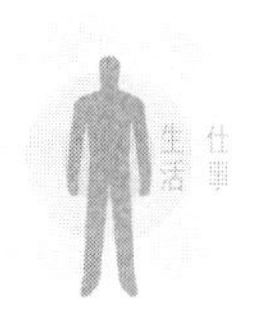

図表3-1　STEP2　抽出

たとえば、同じデータを見ていても、ある人にはただの数字にしか見えなくても、別の人はその裏にある状況を見出せているかもしれません。また、同じ料理を食べていても、1人はただ「美味しい」と思っているだけでも、違う人は食べただけでその味を再現できてしまうかもしれません。音楽を聴いていてただ音楽として聴こえてくる人もいれば、映像が浮かんでくる人もいます。そうした感覚は人それぞれのものですが、そうした感覚を持てる方向性、いわば意識の飛びやすい方向に、その人の天才性があると考えられます。

ただし、自分の意識が飛びやすい方向がどこにあるか、ということはわかりづらいものだと思います。習慣になっていますし、自分自身では知覚しにくいものです（私自身も20年以上続けていますが、まだ自分の意識をきちんと意識しきっているとはいえません）。

しかし、「意識」というのは物事の出発点でもあります。

ですからまずは、どこに意識が飛びやすいのかを探っていくことにしましょう。

この章では、あなたが無意識にとらえているものに目を向けながら、あなたのコア（存在の本質）とそこから放たれる天才性という輝きについてみていきたいと思います。

天才性発見のヒントは時間にある
――あなたが時間を忘れて没頭したものは何か？

あなたの天才性のヒントは、昔からずっと好きだったこと（あるいは昔好きだったけれど忙しくて今はやっていないこと）、いつまでやっていても飽きないことの中に埋まっています。あなたの**意識があなたの天才性のポイントにある時、周りの時間の流れは止まっているかと**

てもゆっくり流れています。好きなことに夢中になっている時、気がついたらあっという間に夜になっていた、という経験は誰でもあると思います。つまり「時間がゆがむ」経験です。時間がゆがむとは、社会の指標の1つである時間と自分の体感時間の速度が異なっているということです。それを相対性理論を発見したアインシュタインは、「可愛い女の子と1時間一緒に居ると、1分しか経っていないように思える。熱いストーブの上に1分座らせられたら、どんな時間よりも長いはずだ。相対性とはそれである」と表現しました。もしかしたら聞いたことがある人も多いかと思いますが、仮に光の速さで宇宙をぐるぐる回っていて100年後に地球に戻ってくると、自分だけ歳をとらずに周りの知り合いは皆亡くなっているといわれます。つまり時間とは相対的なもので、自分の（意識の）動きの速さによって時間の経ち方は異なるということです。

もちろん人は光の速さでは動けません。ですから時間は誰にとっても平等です。しかし私たちのそれぞれの意識は私たちの肉体とは違って自由に動き回っています。その意識が整っているポイント、光の速さで動いているポイント、それがあなたの天才性の眠っているポイントであり、その天才性を生きている時、周囲の時間の流れと異なる時間を生きることができるのではないかと考えています。野球においてまるで止まっている球を打つことが簡単なように、あなた独自の天才性を発揮して生きている時、あなたは最強なのです。

よく「子どもは皆天才だ」と言われるのは、10歳の子どもの頃は皆、それぞれの天才性を生きていたからです。そんな経験は大人になるにつれて減っていきます。それは自分を生きるよりも、社会に合わせることを優先するためです。しかし大人であっても第2章で紹介した「棚卸しシート」を用いて記憶を整理していけば、子どもの頃の時間感覚を取り戻すことが可能です。天才性の発見に年齢は関係ないのです。

「棚卸しシート」で自分のコアを見つけよう！

「意識が飛びやすい方向」を探る準備として、先ほどの「棚卸しシート」を用いて、「自分のコア」を探していきましょう。「棚卸しシート」には、一番右に「自分のコア」を記載する部分があります。自分のコアとは、生来持っている天才性と、あなたが根源的に持つ願いです。ここではその「自分のコア」を見つけていきたいと思います。

第2章で「棚卸しシート」に、今までの人生で記憶に残ったこと、感情が揺れたこと、その結果について書いてもらったと思いますが、それを次の手順で見直してみてください。

1 「棚卸しシート」の左側、下の行「結果」を見てみましょう。周囲の環境や関係性への変化に特にインパクトの大きかったものは何でしょうか？ ピックアップしてみましょう。

2 一番上の行の「やったこと」を見てみましょう。その中であなたが関心を引かれた対象や、行動のパターンを言語化してみましょう。1でピックアップしたものを中心に見ていき、考えにくければ、1でピックアップした場面と似たものを探し、共通点を言語化していきます。

3 「棚卸しシート」の左側、真ん中の行の「感じたこと」を見てみましょう。そこに込められた願いはなんでしょうか？ 1・2で考えた場面を中心に扱い、可能であれば全体に共通するものを探してみましょう。

「棚卸しシート」でSさんの天才性を抽出する

前章のSさんの例で見ていきましょう（100ページ図表3－2）。

1　「棚卸しシート」の左側、下の行の「結果」を見てみましょう。周囲の環境や関係性への変化に特にインパクトの大きかったものは何でしょうか？　ピックアップしてみましょう。

▼天才性の価値は、誤解を恐れずにいえば「コスパがいいこと」です。同じエネルギーで行動を起こしても、アウトプットした時の効果が高いものが天才性に当たります。それが（ネガティブだとしても）発揮された場面を洗い出すため、周囲へのインパクトが自分が想定したよりも大きかったものをピックアップしてみましょう。

Sさんの場合、実績・成果として著しいのは、

・6歳「困っている人がいたらすぐに助けます」と幼稚園の連絡帳に書かれたこと

・10～15歳「副団長に選ばれる」
・22歳「少しずつ収益化してきた」
が挙げられます。

2　一番上の行の「やったこと」を見てみましょう。その中であなたが関心を引かれた対象を選び、行動のパターンを言語化してみましょう。1でピックアップしたものを中心に見ていき、考えにくければ、1でピックアップした場面と似たものを探し、共通点を言語化していきます。

▼ピックアップした場面は、あなたが特に強く関心を引かれたことが記載されています。ですからその場面の切り取り方そのものにあなたの天才性が表れます。その場面において自分はどんなことによく気がついていたのか？意識が向くのか？を探し出し、その場面に対して自分はどんなふうに対応するのか書き出してみましょう。

再度Sさんの例を見ます。1でピックアップした内容の「やったこと」については、
・6歳「泣いている子がいたらすぐに駆け寄る」

WORK SHEET

20歳	21歳	22歳	自分のコア
・武者修行に参加	休学 ・メディア立ち上げ3か月、キャピタリストでのインターン3か月 ・就活をする友人が悩んでいたため相談に乗ったりしていた	起業 ・友人を介して現代表と出会い起業	・周りの人の状態変化を察知して困っている人を助ける ・それは、「あぶれる人がいない」ようにするリーダーになりたいという思いから ・実績としてリーダーに選ばれたり信頼されたりした
・色んな家庭環境を持っている人たちと関係性を作れた ・「自分が理想とする人間関係」を体現できたときに自分は幸福を感じた	・インターンを通して起業家にたくさん会ったが、自分自身にサポートできている感じがまったくなかった	・友達のセーフティネットになりたい ・社会が友達に与えている影響に対して、自分自身が解決したい	
・周りの人を大事にして生きていきたいことに気づいた ・周りから「人を大切にできる」とフィードバックをもらった	・1年間インターンを続けても意味がないと感じた	・バイトしながらの起業だったが資金調達を実施 ・少しずつ収益化してきた	

WORK SHEET

• 過去の経験について、やったこと、感じたこと、その結果について書いていきましょう

	〜6歳	10〜15歳	17歳	18歳
やったこと	・周りのことがよく見える。泣いている子がいたらすぐに駆け寄る	・「ONEPIECE」や「ドラゴンボール」などを夢中で読む ・修学旅行の頃、障がいがあったりいじめられやすいクラスメイトと一緒に組んだ	・クラスの友人がトラブルに巻き込まれる。怖くて逃げ出してしまう	・受験に失敗。浪人することに決める
感じたこと	・共感性が高く、人の気持ちが入ってくる感覚がある。困っている人を放っておけなかった	・漫画の主人公はあぶれる人がいないようにするリーダーが多い ・自分もそのようになりたいと思うようになった	・その時の感情に流され、自分の大切にしたい価値観(＝弱い立場の人を助ける)を曲げてしまう	・人間関係をリセットできたらいいなと思った ・浪人時代は友達をつくらず、ほぼ1人。そのとき考え続けていた
結果	・「Sさんはやさしい子。困っている人がいたらすぐに助けます」と幼稚園の連絡帳に書かれた	・体育祭では副団長に選ばれる。周りの人からの信頼が厚い	・友人を避けるようになり1人行動が増える ・実家から一番遠い大学を受けた	・自分の軸みたいなもの、美しいこと、悪いこと、自分自身でカッコいいと思う像が固まった

図表3-2 「棚卸しシート」(Sさんの例)

・10〜15歳「修学旅行でいじめられやすい人と組んだ」
・21〜22歳「就活する友人の悩み相談に乗る」「起業」
という内容があります。困っている人やうまく周囲とかかわることができない人を見つけ、その人たちの助けになろうとする行動パターンが見つかります。

3 「棚卸しシート」の左側、真ん中の行の「感じたこと」を見てみましょう。そこに込められた願いはなんでしょうか？　1・2で考えた場面を中心に扱い、可能であれば全体に共通するものを探してみましょう。

▼「感じたこと」に書いた自分の願いには、自分が世界にもたらしたいと感じている何かがあります。それがミッションにつながります。その場面で何を届けたかったのか？　言語化してみましょう。

それぞれ、
・6歳「共感性が高く困っている人を放っておけない」
・10〜15歳「マンガの主人公は人があぶれないようにするリーダーが多いので、自分もそうしたい」

・22歳「友人のセーフティネットになりたい」

という願いがあります。

Sさんの場合、共通項として「困っている人をなくしたい」という気持ちがあることがわかります。それが「友人のセーフティネットになりたい＝就活生を応援したい」というミッションにつながり、現在の起業につながっています。

ヒント：考えにくければ次ページ図表3－3のシンプルな質問に答える形で、コアを探してみましょう。

コアを抽出する際のポイントは、矛盾した2つの行動の中心にコアがある、という点です。

Sさんは、『ONEPIECE』のルフィや『ドラゴンボール』の孫悟空などに自分を重ね、クラスメイト全員が楽しめるように行動することも、喧嘩の際にその場から逃げ出してしまうことも、両方を経験しています。仲間を大切にするヒーローを基軸として、立ち向かう自分と、足がすくんで逃げてしまう自分、双方を経験しているのです。

こういった2つの行動は両方とも自分を表しています。普段私たちは片方を本当の自分だと考える傾向がありますが、実際には、いったりきたりしながら成長していくのです。

- 飽きないこと
- やり続けることに負担がないこと
- ストレスを感じるがそれをあえて課したいと思えること
- むしろ心地いい疲労感があること
- 5年、10年と自然と継続できること
- 得意なこと
- 他人にとっては難しいが自分にとっては簡単に思えること
- 好きなこと
- お金をもらわなくてもやり続けたいこと
- 自分にとって自然なこと
- 時間があっという間に過ぎること
- やっていると時間が止まって見えること

図表3-3　天才性を見つけるシンプルな質問

Sさんの場合、コア（中心点）には、「友人たちを大切にしたい、勇気づけたい」という願いがあり、「親しく感じている人たちの些細な変化や不調を感じ取れる」という天才性がありました。そのコアは、俗にいう失敗と成功、対立する2つを両方経験することで磨かれていきます。一見矛盾する両極をつなげる中心点にあるミッションや個性を探っていくのがコツといえます。

Genius Story　Yさんの場合

次にYさんという別の事例をもとに自分のコアの見つけ方を見ていきましょう。

Yさんは部活や会社といった集団の中で、いかに自分の個性を出せばよいかと悩み、20代で一流企業を退職し、今は、自然の中での体験を通じて自己成長を促せるようなプログラムの開発に携わっています。

そんなYさんに自らの半生を振り返り、シートに書いてもらいました（次ページ図表3－4）。

1 「棚卸しシート」の左側、下の行の「結果」を見てみましょう。周囲の環境や関係性への変化に特にインパクトの大きかったものは何でしょうか。ピックアップしてみましょう。

・高校生の時、自分の行動の結果、野球部の伝統だった下級生への厳しいルールが緩くなった。
・27歳の時、冒険教育でかかわった生徒が、親が驚くほど変化した。
・35歳の時、協力した学生のインターンシップの終盤、参加者が頑張りを見せた。
・それらに共通する変化は「**当たり前だと思っていたことが変化すること**」だと思った。

WORK SHEET

23歳	27歳	35歳	自分のコア
・行き先を決めず放浪の旅に出た ・1～2か月放浪していると寂しくなることがある	・兵庫県の自然学校で冒険教育の仕事を開始 ・楽しみの中に学びを編み込むことに充実感を感じる ・人生の師に出会う	・学生の海外ビジネスインターンプログラムにファシリテーターとして参加 ・担当するチームが諦めムードになったとき「ふざけるな」と気持ちを伝えた	・予定調和を感じとり、それに反する行動をとる ・自分が感じたことを表現する、予想を超えた体験をすることが願い ・当たり前だと思っていたことが変化することが結果的に多い
・美しい景色に出会い、心の底から「人とつながりたい」という欲求が出てきた	・予定調和を超えたことが起こる冒険教育にワクワクする ・教育という枠を超えた先生に出会い、自分もそうなりたいと思うようになった	・チーム全体が安易に1つの方向に向かっていくと危機を感じる自分がいる。孤独感が芽生え、違う考えや行動の選択肢をみんなに知ってもらいたいと感じていた	
・似たような人と出会って話をすると共感してもらえた。自由に生きていいんだと思った。自分が異質であることを許容できた	・親御さんがびっくりするくらいに生徒たちが変化した ・予定調和や偏見を繊細に感じ取り、それを破ったり超えたりすることに充実感を覚えた	・「もう1度やろう」という雰囲気になった ・大多数とは逆の考え方を持っているからこそ伝えられることがあると考えるようになった	

WORK SHEET

• 書き出すときのポイントとして、感情が大きく動いたり、記憶に残っているところを中心に書いてみましょう

	～15歳	16～18歳	22歳前半	22歳後半
やったこと	・友達との間で無視されたり、陰でこそこそ言われたり、仲間外れにあった ・親は公務員で真面目。厳しい生活指導や教育があった	・高校で野球部に入った ・1年生は優秀なレギュラー以外は部室の外で着替えることになっていたが、ロッカーの中に着替え場所を作ったり上座に座った	・某有名建設会社入社。3か月間名刺交換などの講習の後、埼玉支社で現場監督。鉄筋工の担当になって、鉄筋の数があっているかどうか確認する仕事に当たった	・退職願を出す。辞めると決めたら人事の引き止めがあった
感じたこと	・周りに合わせた行動が楽しいと思えない ・全員変（自由）だということが許されず窮屈に感じていた	・エースだったけれど、チームで一緒にやっている感じがない。自分の個性を表現することに諦めの気持ちがあった。無だった	・熟練の職人さんのほうがよく知っていて、無力感を感じていた	・「面接の時の成績」がよかったと、自分自身が評価されていたことを知ったが、評価される自分に冷めてしまった
結果	・人と深くかかわることを避けるようになり友達とは疎遠になった ・自分は変な人なんだろうなと思うようになった	・先輩にはいじられた。同級生からはやっかみがあった ・上下関係の厳しいルールが緩くなった ・目立たずやっていれば怒られないし、要領よくできる。嫌なことは起こらなかった	・自分はいらないのではないかと思った ・今まで評価されてレールの上を生きてきたことに対する積もり積もった何かがあり、退職することにした	・結果退職を決めた ・「評価」されることを一度リセットして、自分という人間を知ってみたくなった

図表3-4 「棚卸しシート」（Yさんの例）

2　一番上の行の「やったこと」を見てみましょう。その中であなたが関心を引かれた対象を選び、行動のパターンを言語化してみましょう。1でピックアップしたものを中心に見ていき、考えにくければ、1でピックアップした場面と似たものを探し、共通点を言語化していきます。

・高校生の時、ロッカーの着替える場所を勝手に変えたり、上座に座ったりと上下関係を示すためのルールのスキをついた。
・27歳の時、プロジェクトアドベンチャーの仕事をはじめ、楽しみの中に学びがあるアプローチに、自分ものめり込んだ。
・35歳の時、学生インターンのファシリテーター中に、全員が1つの方向に向かっていることへの違和感を伝えた。
・これらの行動に共通するものは、「**予定調和を感じ取り、それに反する行動をとること**」だった。

3　「棚卸しシート」の左側、真ん中の行の「感じたこと」を見てみましょう。そこに込められた願いはなんでしょうか？　1・2で考えた場面を中心に扱い、可能であれば全体に共通するものを探してみましょう。

・高校生の時は、自分の個性を表現することに諦めの気持ちがあった。
・27歳の時は予定調和を超えたことが起こることにワクワクしていた。
・35歳の時は、集団の中で安易に物事が1つの方向に向かっていくことに違和感を感じていた。
・ここから、**「自分の感じたことを表現したい」**という願いと、**「予定調和を超えた体験をする」**という願いがあることがわかった。

Yさんは、常に集団が1つの方向に向かっていくことに違和感を感じていたことから、「予定調和を超えた体験をしたい」という自分のコアを見つけました。また、その根っこには、自分の個性を発揮できなかった高校時代の経験があることに気づき、もう1つ「自分の感じたことを表現したい」というコアも見つけました。これらのワークから出てきた文言が、自分のコアであり、天才性を見つける大きなヒントになります。

「意識のマトリクス©」で4つの方向から天才性を探そう

「棚卸しシート」を使って自分のコアが見えてきたら、今度は「意識のマトリクス©」というツールを使って自分の意識が飛びやすい方向を見つけていきましょう。

実際には人の意識は色々な方向に飛んでいくものですが、ここではわかりやすいように、想う（人）、描く（概念・イメージ）、感じる（モノ・コト・自然）、観る（社会）の4つの方向に分け、小学校の教科を用いて、国語・算数・理科・社会と名付けています（図表3－5）。勉強科目だと苦手意識が出る人は、想う・描く・感じる・観るの感覚を重視してください。

まずは右側の「『想う』（国語）」です（11

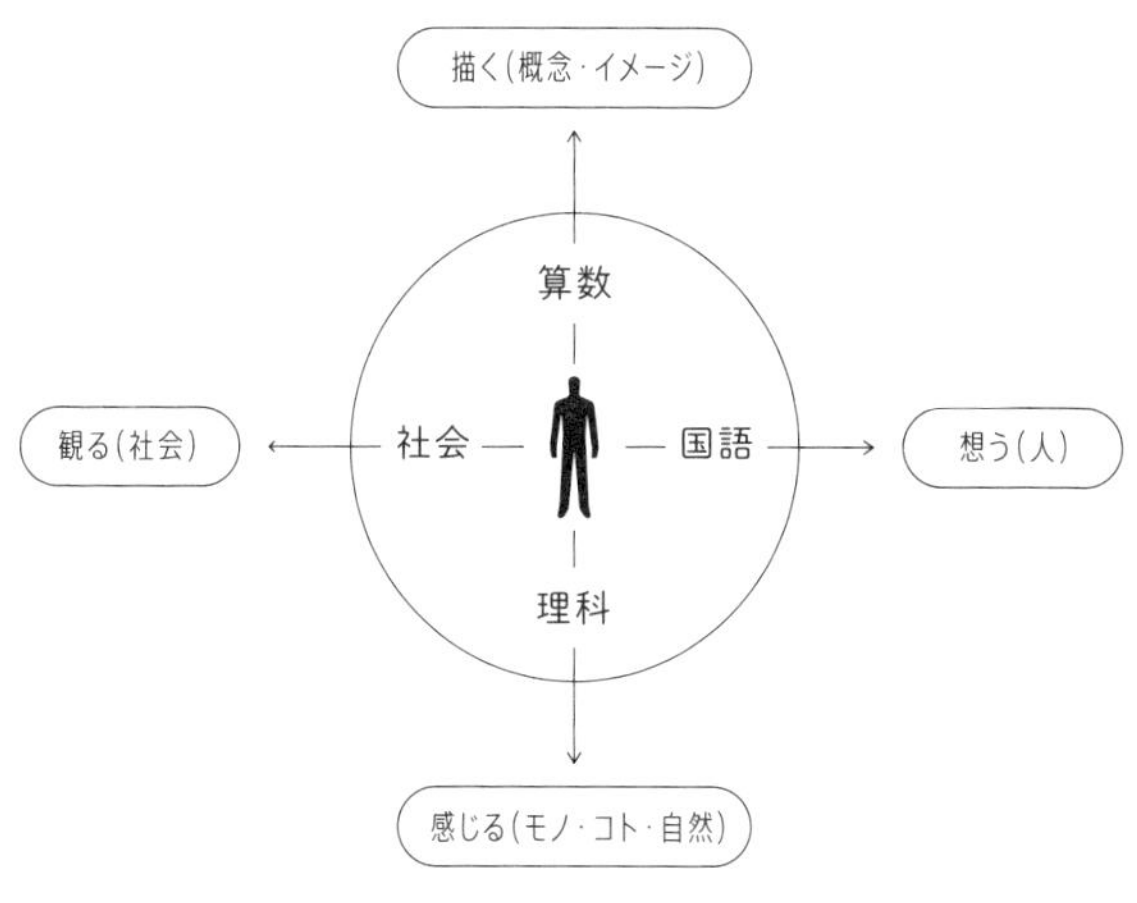

図表3-5　意識の4つの方向性

3ページ図表3－6）。

このタイプの人は、目の前の人の感情を微細に知覚することに長けています。人の感情は繊細で激しく移り変わります。さらには、感情を心の奥深くにしまい込んでいて、気持ちを見せない人もいます。しかしこの「想う」タイプの人は、相手のわずかな心の動きを察知して適切にコミュニケーションをとったり必要な処置をすることができます。もちろん相手の気持ちに言葉やラベルを与えられるわけではありませんが、瞬時に判断して対応できるのです。

職業でいえば看護師や臨床心理士、

エモーショナルワーカーと呼ばれる人に多いかもしれません。あるいは人の表情を読み取るプロとして警察や税関で働いているかもしれません。

のちのち述べるようにタイプは職業を規定するものではないのですが、この相手の気持ちを知覚できるタイプは人に向き合う職種が比較的向いているかもしれませんね。私はこれを「想う」力の強い国語力（読解力）タイプと呼ぶことがあります。

右の方向に意識がいきやすいタイプを国語（読解力）タイプと名付けるのなら、下の「感じる」が得意なタイプは理科タイプといえます（図表3－7）。

理科タイプとは、自然や生命の仕組み、理（ことわり）を感じやすいタイプです。つまり人を除いた世界のありようをそのまま「感じる」力の強い人です。風を読み、波に乗り、木々の声を聴き、水や大地のエネルギーを得ることが得意です。もちろん普通の人でも自然の中で過ごせばリラックスしますし、癒されるのですが、この理科タイプはより微細に自然の声を知覚することに長けています。宮崎駿監督の映画に出てくる主人公のような人々が当てはまるかもしれません。農業や漁業に従事する人から理系の研究者までたくさんの人がいます。

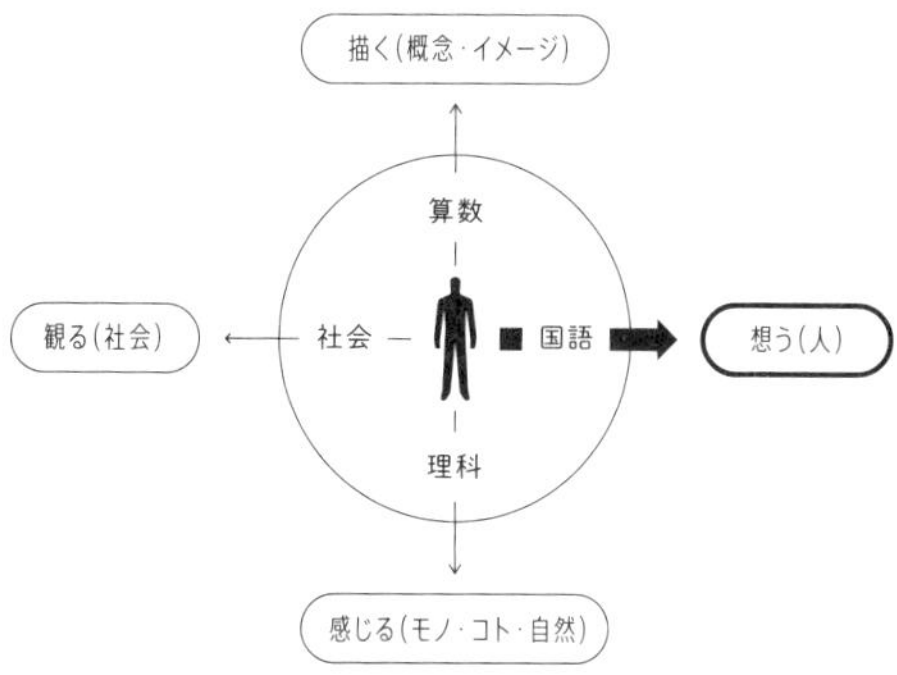

・「国語」とは人を想う方向性。目の前の人の感情を微細に知覚することに長けている
・相手の気持ちを知覚できるタイプは人に向き合う職種が比較的向いているかもしれない

図表3-6　国語は人を想う方向性

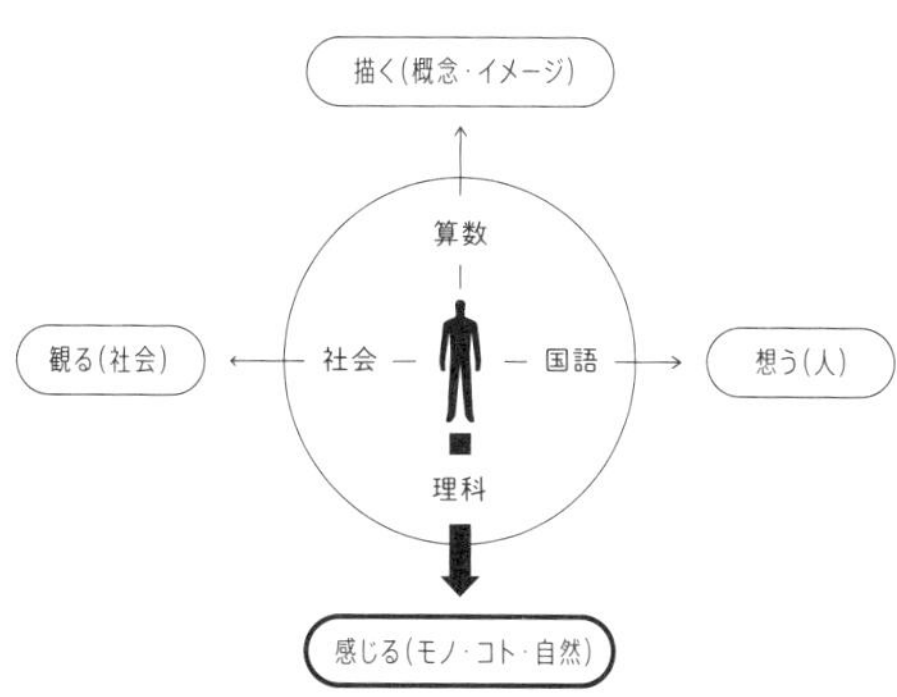

・「理科」は風を読み、波に乗り、木々の声を聴き、水や大地のエネルギーを得ることに長けている
・理科の方向性には農業や漁業に従事する人から理系の研究者までたくさんの人がいる

図表3-7　理科は理（ことわり）を感じる方向性

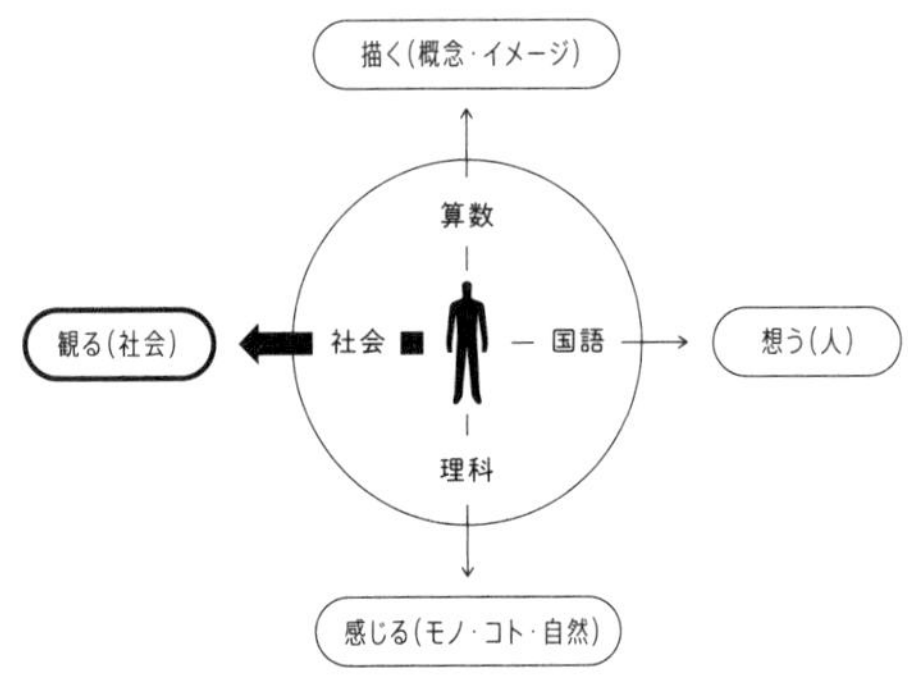

・「社会」とは集団や社会など射程が長く、観察することに長けた人のことを指す
・様々なメディアや身近な人々の行動から日々移り変わる社会の価値観を知覚し、適切な判断や行動をすることができる

図表3-8　社会は集団を観る方向性

一方、左側の「観る」に意識を向けるのは社会タイプです（図表3－8）。

このタイプは個人というより人々に対する関心の強い人々です。右側の国語タイプよりも射程が長いと考えればよいかもしれません。観察すること、つまり「観る」ことに長けた人のことを指します。

このタイプは社会的な活動やビジネスに通じ、そこで成功することを好みます。

社会の仕組みである政治や行政、法律や会計、福祉や教育などに通じることが多く専門職やビジネスパーソンになるかもしれません。社会を観るとは、日々移り変わる社会の価値観を知覚することが大切になりますが、様々なメディアや身近な人々の行

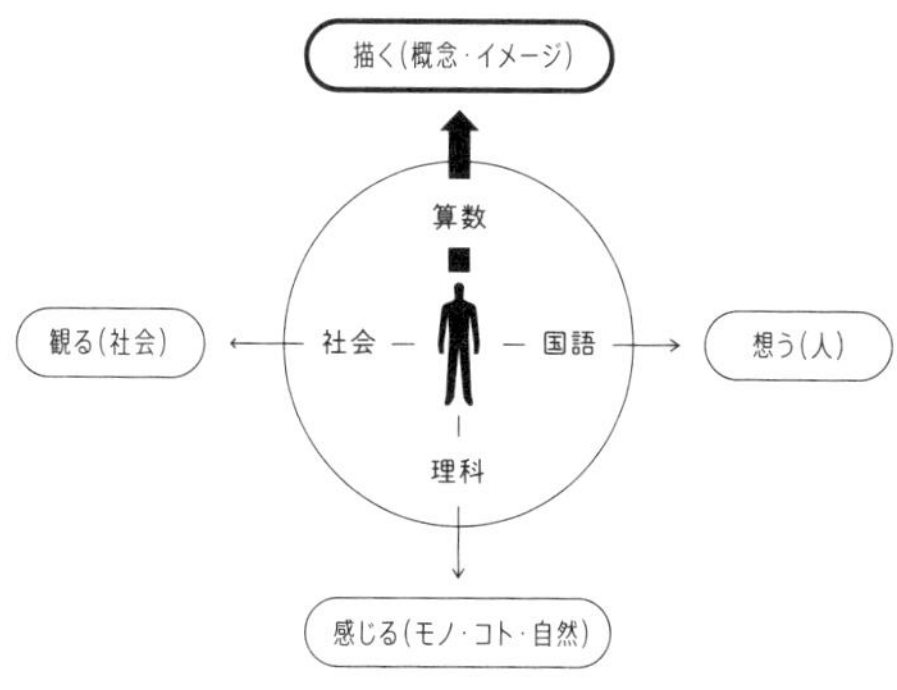

・「算数」は、物事を抽象的にとらえたり、イメージとして「描く」ことに長けた人のことを指す
・生活においては効率的で、仕事においては生産的かもしれない。
その一方でイメージで全体をつかむことが得意なため絵や音楽の才能に恵まれる人もいる

図表3-9　算数はイメージを描く方向性

動から、それらを察知して適切な判断や行動に結びつけます。金銭や社会的ポジションにこだわる人もいるかもしれません。

最後に上の「描く」方向ですが、もうおわかりのように基礎4科目の最後の科目「数学（算数）」となります（図表3－9）。

これは数を扱うというより物事を抽象的にとらえたり、イメージとして「描く」ことやいわゆる「考える」ことに長けた人のことです。法則や物事の一般性を見出すのが得意なタイプです。自分の生活においては効率的で、仕事においては生産的かもしれません。その一方でイメージで全体をつかむことが得意なため絵や音楽の才能に恵まれる人もいます。

それぞれの方向性で得られるもの

・「想う」人は「幸せ」を得る

右側の「想う」力を養うほどに人は幸せを得やすくなります。たくさんの快楽や道具が世界にはありますが、人は、結局、身近な人を想い、つながることでしか幸せを得られません。それは脳内物質の1つであるオキシトシンの働きだといってしまえば簡単かもしれません。しかし、そのオキシトシンの分泌さえも意識の働きの結果です。ヨガ、瞑想、運動、確かにいろいろとあります。しかしストレス解消に最も効くのは、他の人のことを真剣に考えることです。人の切実で具体的な問題に寄り添うこと、その問題を解決すること、淡々と誰かに貢献し続けること、それが、結局、心身に一番よいことです。人は自分に焦点を当て続けているから辛くなります。自分より大切な人がいる人はいつも幸せなものです。

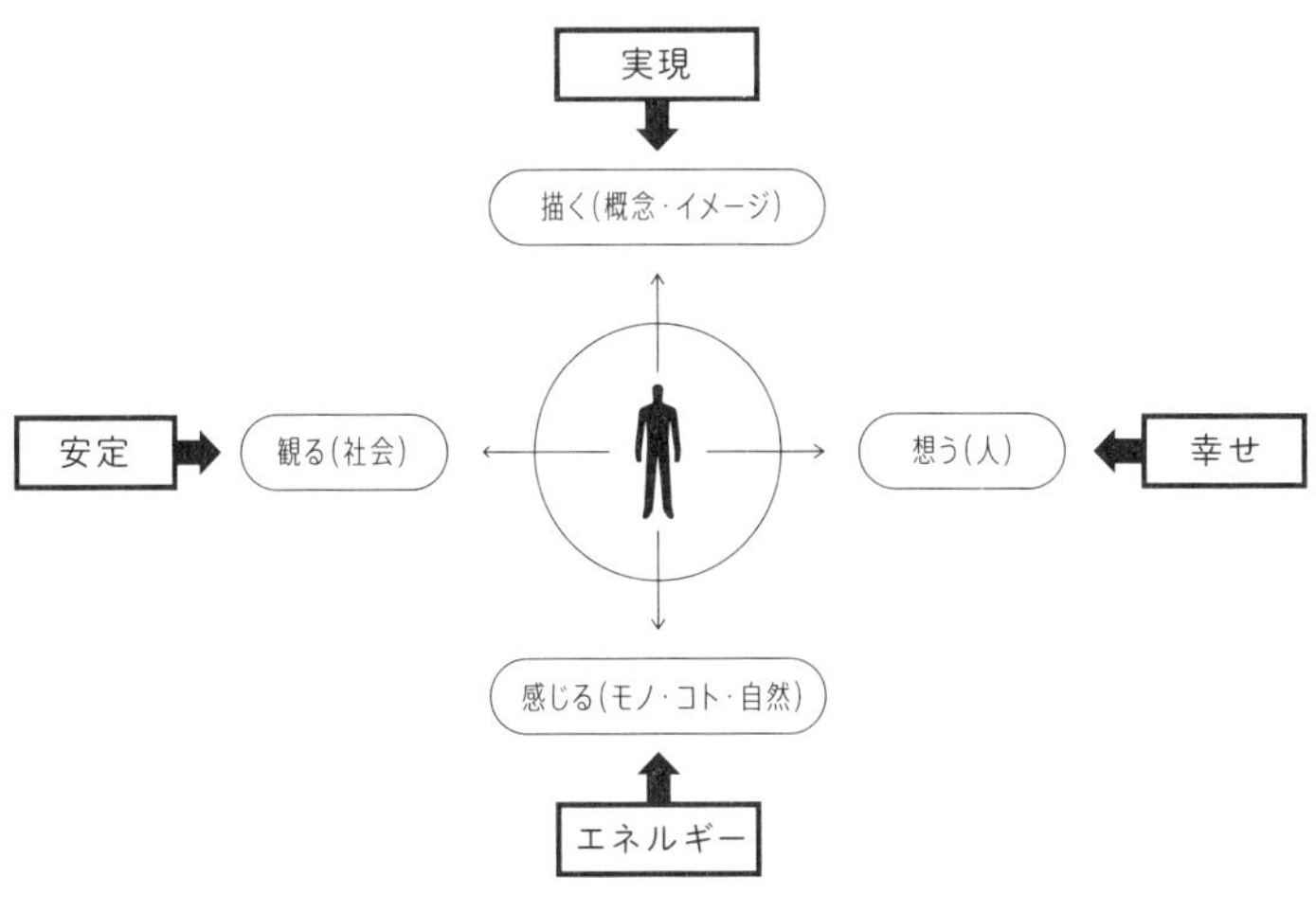

図表3-10　それぞれの方向性で得られるもの

・「感じる」人は「健康」を得る

下側の「感じる」力を持つ人ほど、健康です。健康とは病気でないことではありません。健康とはエネルギーに満ちていることです。自然や大地とつながっていること、結果としてそれらからの直接的な恩恵である自然食を食べる人ほど当然ながら健康になっていくわけです。いわゆる現代病は産業革命以前には存在していません。工業化・情報化社会の中から生まれてきたものです。つまり必然的な疾病ではないということです。情報化社会の次の意識社会においては自然な形で人々は健康を取り戻していくでしょう。

・「観る」人は「安定」を得る

社会を「観る」ことに長けた人々は、社会の秩序やそのシステムを理解し、あるいはビジネスなどの形で富を得ることで、安定を得ることができます。安定は可能性を広げ、結果的に成長や成熟のための糧になります。そういった意味で社会に関する知覚を養うことが大切になります。

・「描く」人は「実現」を得る

最後の「描く」「考える」タイプの人は物事を実現・現象化させる天才性を持っているかもしれません。一般に天才というと発明王やノーベル賞受賞者などをイメージしがちなのは、このタイプが新しいものを世界に「出現」させるからかもしれませんね。しかしこれまで書いてきたように、これまでの4つのどのタイプにも天才性が宿っており、自分がどの方向に長けているかを知ることがまずは大事だということを知っていてください。

さて、簡単に意識の向かいやすい4つの方向を表す意識のマトリクスをご紹介しました。「社内政治に長けたあの人は『社会』タイプかも」「移住してリモートワークに切り替えたあの人は、『理科』の方向性が強かったのかも」などと、周囲の人を思い浮かべながら読まれた方もいるかもしれません。

意識の可動域を広げる

どの方向が優れているということはもちろんありません。

また、それぞれの人がどれか1つだけ持っているというのではなく、今現在、自分がその天才性を伸ばしやすい方向がわかる、ということになります。

「方向」の目安がついていれば、意識してそれを伸ばしやすくなるでしょう。

それればかりか、これから人生を豊かにしていくためには、本来であれば、すべての方向にまんべんなく意識を向けられるトレーニングをしていく必要があります。どれかを得れば何かを失うというものではないので安心してください。

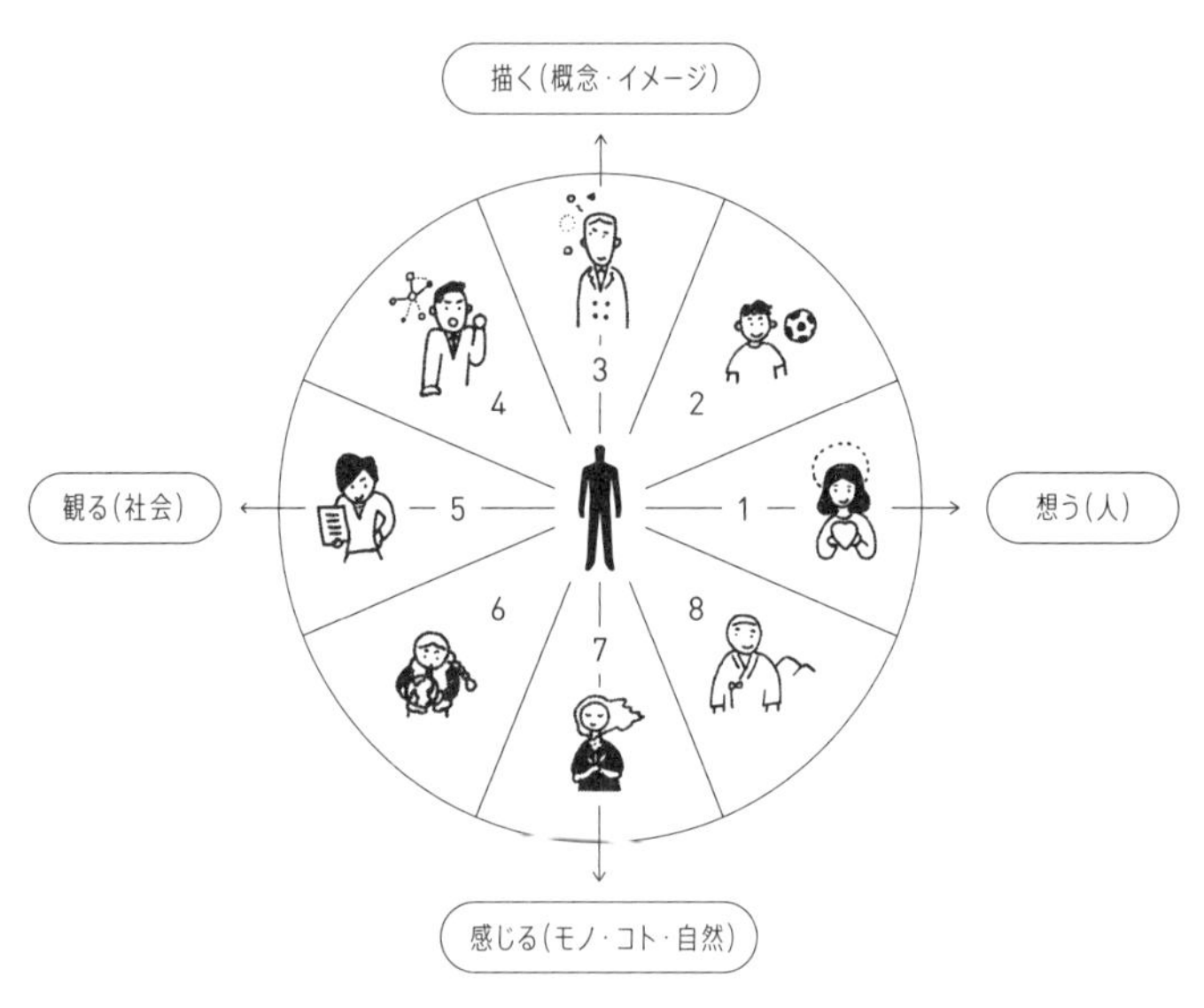

図表3-11　8つのポジション＊

それではここで、4つの方向をさらに2つずつ分割し、8つのポジションに分けて見ていきます。

この章の後半で、8つからあなたのポジションを選んでいただく場面がありますのでぜひ自分がどのポジションに近いかと考えながらご覧ください。

偉人たちはどこに位置づけられるのか

具体的な例を挙げたほうがわか

＊ フォーマットはジーニアスファインダーのサイト(https://geniusfinder.me)でダウンロードできます

りやすいと思いますので、過去の有名な人たちがどのポジションに位置しているかを見てみましょう（次ページ図表3－12）。

デール＝カーネギーは、ベストセラー『人を動かす』『道は開ける』で有名な人です。『人を動かす』というタイトル通り、ビジネスにおけるコミュニケーションに長けた人物で、国語力、想う力が強かったと思います。

感じる力が強い理科の方向で著名な人物としては、バックミンスター＝フラーが挙げられます。彼は、地球上の資源の有限性を指摘した「宇宙船地球号」という言葉で知られる人です。建築家、思想家であり、様々な発明もしました。自然界の動物だけではなく、人とのコミュニケーションの力も強く持った作家の宮沢賢治は「想う」と「感じる」の間、『センス・オブ・ワンダー』で知られるレイチェル＝カーソンは、農薬で利用されている化学物質の危険性を取り上げた著書『沈黙の春』（Silent Spring）を著し、アメリカにおいて半年間で50万部も売り上げました。彼女の活動は、のちにアースディや1972年の国連人間環境会議のきっかけとなり、人類史上において、環境問題そのものに人々の目を向けさせ、環境保護運動がはじまるきっかけをつくりました。「感じる」と「観る」の間くらいで

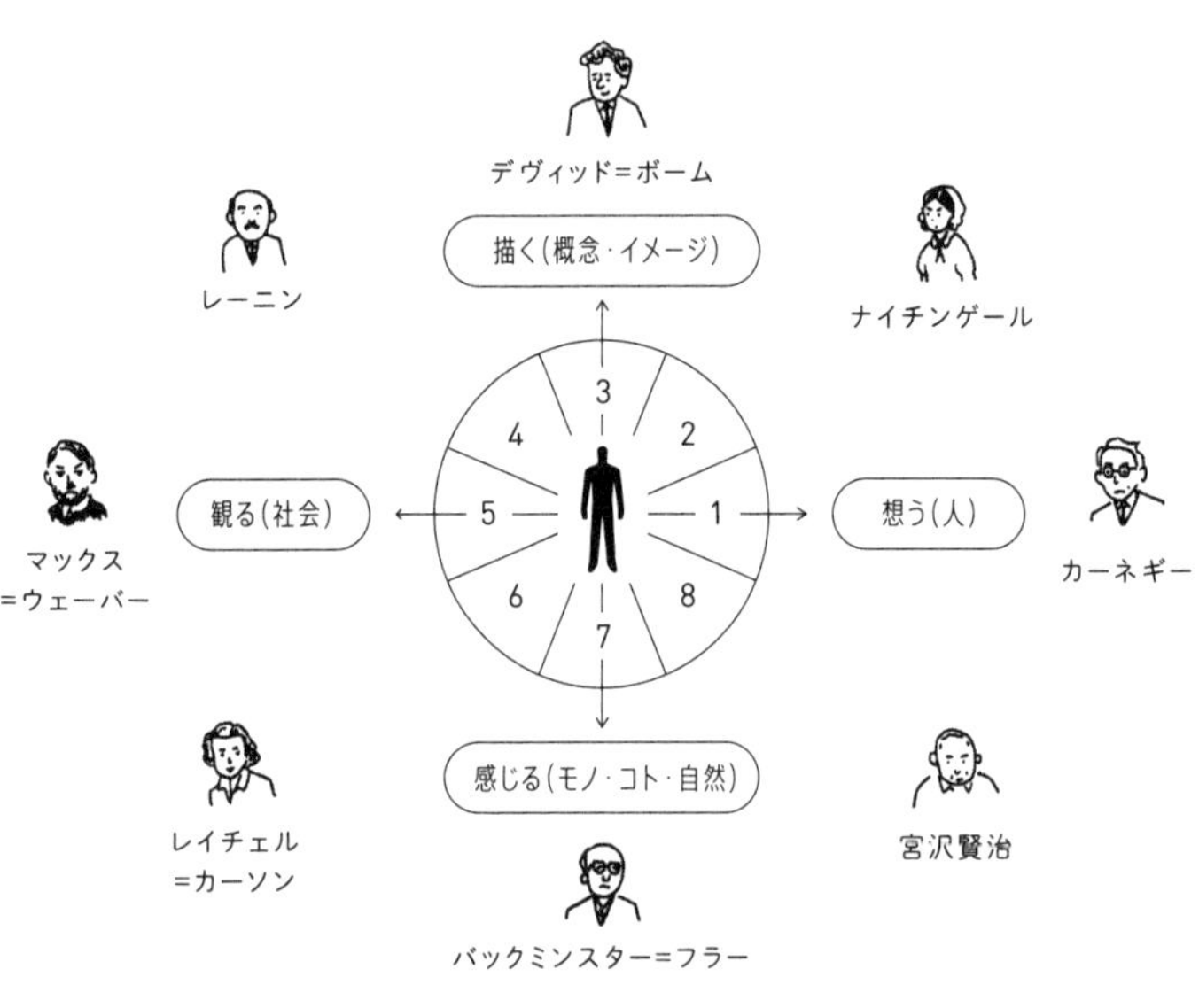

図表3-12　偉人の天才性

しょうか。

理論物理学者で哲学的な思索でも知られるデヴィッド＝ボームは「物質とは凍った光である」という名言を残しました。抽象的、概念的な思考の力が強く宇宙の本質に切り込む天才です。

またドイツの社会学者、政治学者のマックス＝ウェーバーは、「観る」力を持った社会の方向の代表的偉人でしょう。彼が発表した『プロテスタンティズムの倫理と資本主義の精神』は当時、革命的といえる論でした。宗教観が資本主義の産業システムを構築する土台となったという考え方は、社会学、宗教学、生物学、そして生産技術といったものを統合的に考えられる天才でなければできなかった思想です。現代の思想家でいうと、ジャック＝アタリがこの位置に入るでしょうか。まだ若いですが、ユヴァル＝ノア＝ハラリも入るかもしれません。またかつてのギリシャやローマにはそれこそたくさんの学者が「観る」に当てはまったでしょう。

それから「観る」と「描く」の両方にかかっているのが、レーニンです。1917年の十月革命を成功させ、史上初の社会主義国家であるソビエト社会主義共和国連邦を樹立。ソ連建国の父とされる人物です。マルクス主義者として政治・経済・哲学など広い分野で著作を残し、レーニン主義としてその思想が継承されています。

「想う」かつ「描く」に位置するナイチンゲールは優秀なナースとして人の気持ちもわかった上で、上流階級の出で家柄も教養もあり、ナースの地位を向上させるという社会システム改革を成し遂げた、凄腕の政治家でもありました。

ちなみに右側の「想う」の方向にいるから職業としてナースが向いているか、というと、単純にそうだというわけではありません。あらゆる職業は複合的な要素があるはずです。ナースであればもちろん長い時間患者をケアする仕事ですから、ある程度は「想う」方向に寄っているといいでしょう。ただ、「想う」力に長け、人に寄り添いすぎる人は、疲れ果ててすぐに辞めてしまうということがあります。動機なく看護職を選んだ人が、ある程度の距離感を持って現場に携わり、心身を壊すことなく結局は最後に看護師長まで登りつめるケースも実際多いようです。ナイチンゲールに憧れてナースになるなら、本当は全方位的に意識を振り向けなければいけないというわけです。

同じように、たとえば建築家といった仕事も全方位的な職業です。当然、住む人のことを考えて建てる人もいれば、社会システムに対しての経済合理性を求めるタイプもいるでしょう。数的なことや概念処理に基づいたことが得意であればいい、というわけではないのです。安藤忠雄氏の建築を見てください。安藤氏のように、たとえ建築の正規教育を受けていなくとも自然との調和や社会システムとの関係の中から自ら新しい建築の形を構築し、優れた実績を挙げているよい例です。

8つのポジションに当てはめてみる

意識のマトリクスを紹介しましたが、実際に自分がどこに入るのか、考えてみましょう。自分が8つのポジションのどれに当たるのか判断がつかない場合は、127ページ図表3－13のような質問から仮説を出してみましょう。

また128ページ図表3－14、130ページ図表3－15も参考になるかもしれません。各ポジションの人々が選ぶ可能性が高い生き方（職種）を示してみました。こちらも参考にしてください。

この表のそれぞれの項目を見ながら、直感的に自分のポジションを選択してみましょう。直感的に選びづらい場合は、一つひとつの項目に対し自分がどれに一番近しいか選び、その選択が一番多いブロックを仮に自分の天才性だと置いてみましょう。

最初はわからなかったとしても、一度選択してみて、友人やコーチからのフィードバック、実際の行動とフィードバックを通して、理解を深めていくことが重要です。それでも考えづらい場合は、「棚卸しシート」に戻りシンプルな質問に答えてみましょう。

やっていて飽きないこと、他の人には大変でも自分にとってはごく自然にできるようなことは何か？——それらをいくつか出してみて、自分が、ソーシャルリテラシーが高いのか、それともコミュニケーションなのか、数的なリテラシーなのか、自然やエネルギーを感じやすいか、細かくポジションをセットしてみましょう。

自分の天才性は1度に見つかるものではなく、1年、場合によっては10年以上時間をかけて見つけるものです。ですので、はじめは大雑把に「こっちかな」と仮決めしてみて、日々生活する中での気づきや知人からのフィードバックをもとに修正することをおすすめします。

実際には、8つのボックスに自分がぴったり位置しているということはありません。分度器で測る角度くらいの解像度で見ていかなければ本当の自分の天才性を見つけたとはいえません。しかし最初の一歩として、この意識のマトリクスで示した4つの方向性や8つのポジションが補佐的な役割を果たすでしょう。

ウェブ（https://geniusfinder.me）では、皆さんがどのポジションに当てはまるかテストを用意していますので、ぜひトライしてください。

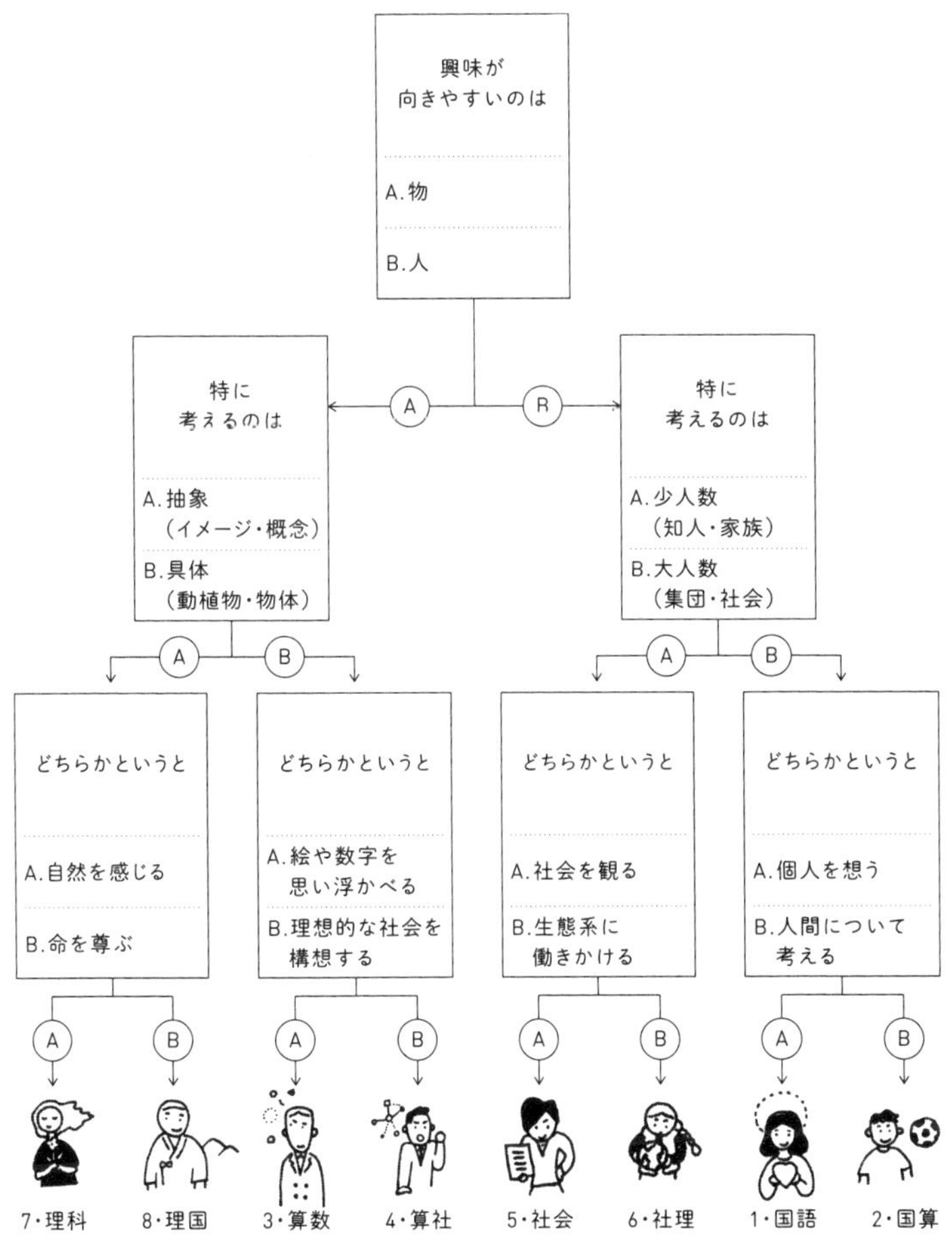

図表3-13　8つのポジションの中のどれに当たるか？

5・社会	6・社理	7・理科	8・理国
生徒会などで全校生徒を相手に関わりを持つ	食べ残しや動物・昆虫などとの関わりのルールを決める	植物や昆虫など生き物の世話に集中する	自然のものを使って遊ぶ
法務・経理などの専門職	総務などまたはCSR推進	総務、環境整備を行なう	都市開発など土地と人との組織開発を行なう
集団の動向や社会規範、ルールを把握し利用法を考える	地球環境全体や資源も含めた持続可能性に関心がある	場所、土地、動植物などのエネルギー状態を知覚できる	自然と人との関わりに目が向き心地よさの度合いを感じる
全体最適化のために行動する	SDGsや地球環境保全に関心を持ち、マイボトルの利用など環境保全の行動をする	自然豊かなところに身を置き、動植物を育てる	まちづくりや森林セラピーなどに取り組む・関心を持つ
視野が広い、正義感が強い	人間以外の生き物の尊厳を大切にする(毛皮のコードなどを避ける)	動植物、自然が好き	都会よりも田舎にいそう
法律や福祉など義務や権限を把握し、活用し、制定する	自社組織を超えた範囲での持続可能性を高める	働く環境を整え、パフォーマンスを上げる土壌をつくる	つながりや自然資源を用いながら、商品サービスを提供する
法律や福祉などに興味を持ち活用する	エシカル消費、環境の啓蒙活動への参加	居心地のいい部屋を作る、アウトドアでの遊び	地域の行事や公共エリアの清掃などに参加する
互いに自立し、程よい距離で関わる	アウトドアなどを好み、環境負荷の少ない遊びをする	ともに自然との関わりを持ち、育てる	地域にともに関わり、関係を濃くする

	1・国語	2・国算	3・算数	4・算社
教室での振る舞い	少人数でグループを作る。狭く濃く関わっている	クラスの中心にいる	1人で自分の興味関心に集中している	クラスのまとめ役、生徒会の書記など
会社でのポジション	教育担当・カウンセラー役	営業やマネジメントなど人を動かす	研究職・エンジニア	投資・新規事業立案などのチーム
気がつく/意識が向くポイント	人の感情やニーズ、体調などを知覚できる	人の行動や感情からパターンを見出す	数字や音符、言葉などを見てイメージが描ける	社会システムを抽象化して理解する
よくある行動	相手の話を聞くなどニーズを満たす行動をとる	相手から望ましい反応を引き出す、相手の心理をつかんだ関わりを持つ	絵を描く、音楽を奏でるなど描いたものをアウトプットする	経営や政治、投資などから社会への関わりを持つ
周りからの印象	人のことをよく見ている、気がつけば人のことを考えている	交渉に長けている、営業向き	想像力豊か、いつも空想にふけっている	社会システムの中でうまく勝ち残っている
仕事スタイル	相手のタイプや特性、状態に合わせた関わり	相手を見抜き、欲しい成果や結果へ導く	ビジョン・ミッションなどあるべき姿を描き、そこを目指す	集団のシステムや流れを理解し、適切な一手を投じる
生活	少人数と深く関わり、一緒に住む。休日は友人など人に会うと元気が出る	飲み会などグループでの交流が好き。1人でいるのが得意じゃない	1人で過ごし、膨大なインプットとアウトプットを好む	政治や経済の情勢について情報収拾し自分なりの意見を持っている
パートナーシップ	色々な話を共有したいと感じる	客観的につりあいのとれた憧れのカップル	程よい距離感でビジョンを追える人と関わる	資産や信用などを共有・運用し社会的地位や資産価値を高める

図表3-14　8つのポジションごとの特徴について

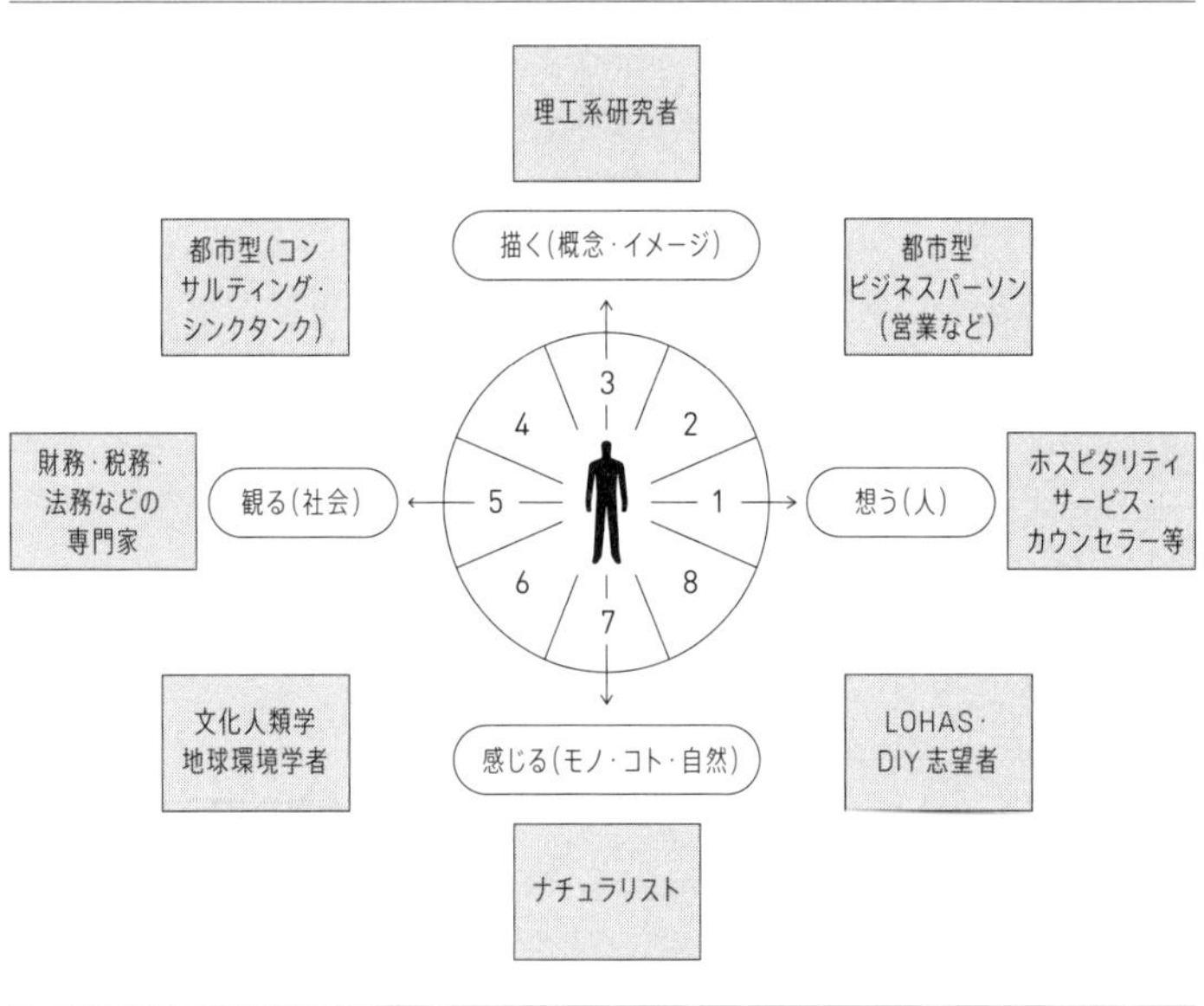

図表3-15　8つのポジションと職業

天才性を見抜く
プロと出会うこと

さて天才性を見つけるには、本来的には、自分で探すよりもやはり客観的にみてもらうほうが有効です。

私は会社を辞める時に「Difference is Distinguished（君の違いは卓越につながるよ）」と手紙をいただき、それ以降、自分はどう人と違うのかな?と考えてきました。

その後、あるメンターとのセッションの中で、あなたは「物事を全体的にとらえ、複雑に絡み合う事象を整理して有機的なシステムとして再構築する術には多少長けている」というフィードバックをもらいました。その言葉を軸に、俯瞰・整理・洞察というキーワードを自分に当てはめ、田舎に居を設けて思想家として日々考えごとをする生活を行ない、一方、東京でメディアや書籍で発信したり、新しい社会システムを構想し、地域でその社会実装に参画したり、事業投資やコンサルティングという仕事につなげています。無理せず自分の本質に合わせて、生活スタイルや仕事を作っていったのです。

では、天才性を見抜くプロ、つまり本物のジーニアスファインダーとはどんな人たちなのかというと、彼らは特にメンターやコーチや心理学者といった特定の職業に就いているわけではありません。強いていえば、巫女、お坊さん、占い師といった人の中にいる可能性が高いかもしれません。ただし、仕事として天才性を見つけることで食べているわけではない、ということがポイントで、高額な鑑定料や相談料がかかるような人たちはちょっと違うと思ったほうがよいかもしれません。彼らは人よりもやや意識の次元が高いところで生きていて、そのポイントから対象者の本質を言葉にすることができる人です。彼らには必ず出会えるわけではなく、また無理に探し求める必要もありません。それでも、私も何人かはそういう人たちに出会ってきていますし、出会う機会はきっとあると思います。

ご参考までに、先ほどの例のYさんが学生のインターンシッププログラムにファシリテーターとして参加し、ジーニアスファインダーに出会った時のお話をここに紹介します。

Genius Story
Yさんとジーニアスファインダーとの出会い

——自分の天才性を発見したのは、1年ほど前のことだった。

その日の終礼は、短く、学生たちから「どうせこんなものだろう」という空気感を感じ取っていた私は、葛藤していた。葛藤の末、私はキレた。「ほんまにこれでいいのか」「ふざけるな!」と言って終礼の部屋から出て行った。自分の振る舞いに後悔はなかった。

研修が終わった夜遅く、一緒に場を作ったファシリテーターに「想定内のことを起こそうとしはじめたら、ぶっ壊したくなるんよなぁ」とぼやいた。すると、嬉々として「トリックスターですね!」と1人が言いだしたのだ。「ネイティブアメリカンの人たちはコミュニティを大切にしていた。周りの人たちは部族の長となる人物に教えを乞う。ただしいつも、トリックスターの人がいる。酋長さんの髪の毛を引っ張ったり、「座りましょう」と言ったのに立ち上がったり、むちゃくちゃする人がいる。そういう役割を、コミュニティは淘汰せず尊重している。それも生まれた時から。トリックスターには一方向に向かっていくことを外す役割がある。規律に従っているだけだと部族は滅びる。そういう部族の長にちょっと何か『仕掛け』たり、『いたずら』したりする人がいるからこそ、その部族は発展する」と彼は続けた。その話を聞いた時、昔から違うことをやりたくなったり、違う意見を言いたくなる自分に、言葉を与えてもらったように感じた。

「〝普通〟〝全体の流れ・潮流〟を繊細に察知し、流れを変える一手を打てること」こそが、自分の天才性だと思った。そこから、自分の気質をより意識的に使えるようになった。気質を言葉にできたことで自分のスタイルを確立できたのだ。もう1人の誰かが自分に問う。「自分がトリックスターだとしたら、この場に何を起こすのか」と。周囲との摩擦が起きる場面も、自己嫌悪や人を傷つけることなく、笑いや変革に変えられる場面が増えていった。

天才性を文章で表現してみよう

さて天才性を発見したYさんの事例を紹介しましたが、彼は自身の「天才性」を言葉にするまでは、「なぜ、自分はいつも人と違った視点になってしまうのか」と自身の天才性に振り回される感覚があったようです。しかし、それを言語化し、どんどんとブラッシュアップしていった後に「自分自身が自覚的に天才性を使っている感覚を持った」と話しています。このように、天才性を言語化することで、それを調整しながら役立てていけるようになります。

たとえば98ページの例のSさんの場合には「ごく自然にできること」として「友人を大切にする」ことがありました。

とはいえ、「私の天才性は、『友人を大切にすること』です」と言われても、そんなことは誰にでもできます。でもその行動としては、友達のために、言葉をかけてあげるのか、環境を整えてあげるのか、ひたすら話を聞いてあげるのか、適切なアドバイスができるのかなど人によって違いますし、そもそもどの程度まで相手の気持ちに気づけるのかということもあるでしょう。

たとえば、Sさんの場合は、「親しく感じている人たちの些細な変化や不調を感じ取れる」（国語）こと、また「そのための仕組みを形にできること」（社会）という特徴がありました。その部分は、Sさんだけの特性になる可能性があります。

自分の天才性を文章にするに当たって形式に決まりはありませんが、はじめは、認知（何をどのようにとらえるのか）＋行動（何をどうするのか）＋結果（何をもたらすのか）が含まれている形式で表現することをおすすめします。

たとえば、先ほど紹介した私の例であれば、「物事を全体としてとらえて（認知）、複雑に絡まる事象を整理し（行動）、有機的なシステムとして再構築する（結果）」という表現になります。

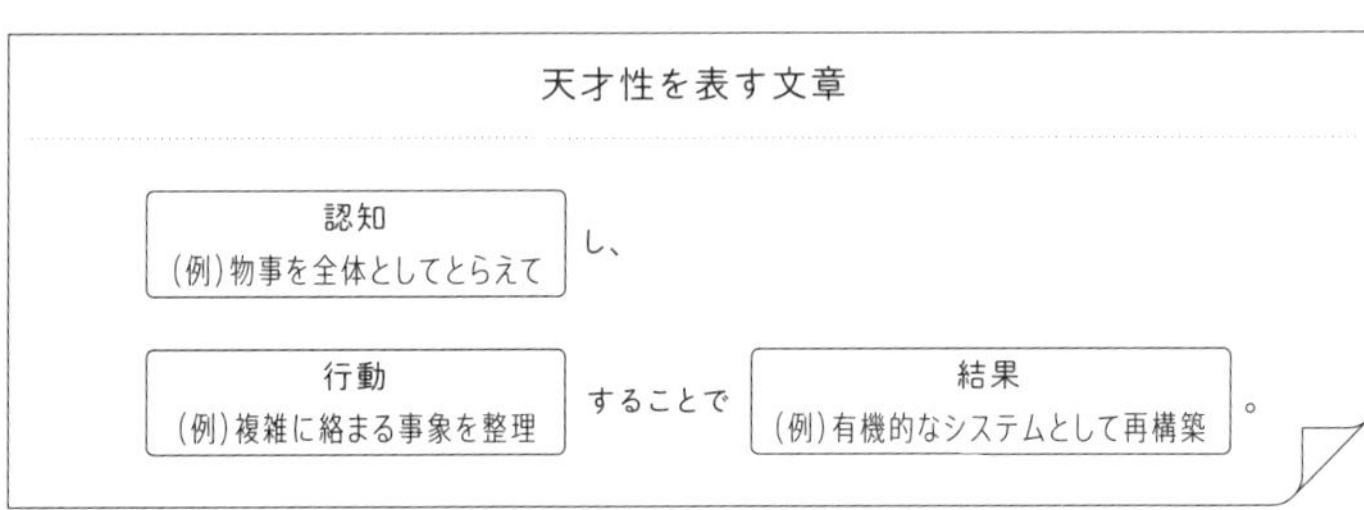

- 天才性を表す文章は、知覚と行動、その結果が含まれる文章にする
- 天才性とは、意識の方向性、噛み砕くと知覚(インプット)と行動(アウトプット)が含まれ、その結果が著しいことを指す

図表3-16　天才性を表す文章の構成

ここまで微細にすると、同じ職業の方でも表現は変わってきます。

たとえば、同じ書籍の編集を仕事にする2人の人がいます。

この仕事には、人との距離の取り方の柔軟性や、時代の変化を見る目が大事だと思いますが、本質はかなり違います。

「作家の主張と社会が求めているものを知覚し、適合させることで、どんな人とでも付き合える」

というのが特徴の人がいれば、

「ゴールを先に描いて、そこに向かって相手を動かしていくことで、リーダーシップを発揮する」

という人もいます。

先のSさんの例であれば、

「友人の些細な変化を感じ取り、言葉をかけたり、彼らの問題を解決するためのシステムを作ることで、友人だけでなく、同じ悩みを持っている人を勇気づけることができる」

という文章にすることができるかもしれません。

すぐ言葉にできなければ、長い文章でもあるいはキーワードにとどめているだけでもよいので、ひとまずは言葉にすることを心がけてみてください。

COLUMN

天才性は4次元にある?!

本章の最後に、天才性の本質に切り込んでいきましょう。

よく「あの人は次元が違う」などと天才的才能を持った人を表現することがありますが、ここでは次元と天才性の関係を整理してみましょう。なぜ次元が天才性にかかわってくるのでしょうか?

次元(dimension)という言葉を使ったのはアインシュタインです。彼は有名な相対性理論において次元について語りました。その後、量子力学の研究が進むにつれて現在では7次元(11次元)まで存在するといわれています(ここでは7次元まで説明します)。

ドラえもんにも「4次元ポケット」というのが出てきますから、「次元」自体はご存

	事例	イメージ	それぞれの次元から見たときの貨幣の位置付け
7次元	• すべてが自然		• 存在しない(無)
6次元	• 有りかつ無し • 矛盾の統合		• 素粒子のイチ要素 • ゼロかイチかで言えばイチ(愛)
5次元	• 無・ゼロ • 愛・イチ	ゼロ イチ	• 社会の血液(経済学) 最低、4次元感覚を持てる分野があなたの「天才性」
4次元	• 個性・ミッション	個人思念	
	• 時間・お金	共通思念	• 共通価値想念(譲渡可能な信用)
3次元	• 時空間　物質 • 五感　快楽	モノ　コト	• 生きていくために必要なもの
2次元	• 線、面 • ゲーム・碁盤・アニメ	面	• 移動と空間の自由
1次元	• 点・数	●	• 単なる数字か紙切れか金属 • 赤ちゃんにとっての紙幣と同じ

図表3-17　次元について

じかと思います。たとえば1次元は点や数、2次元は線や面（私たちの身の回りではマンガやアニメーションなど）、3次元は時空間がある現実。いわば、いつも私たちが見ている世界ですね。80％くらいの人は、この3次元にいるのが通常かもしれません（20％の人は、4次元以上に意識があります）。

さて、1次元、2次元、3次元は一般的ですので、それほど語ることがありません。ここで大事なのは、「4次元」です。

4次元とは物質的には認知できない（五感で知覚できない）けれど確かに存在する次元です。たとえば時間や倫理観という共通思念を私たちは持っています。また「お金の価値」というものも共通認識として持っていて、それを信用して私たちは取引をしています。こういう頭の中にはあるけれど物質的に存在していないものが4次元です。

人間が生き残ったのは4次元感覚を持っていたから?!

この4次元は、2つに分かれます。1つは共通思念といわれる私たちが共通して持

	チンパンジー その他人類種	ホモ・サピエンス
意思疎通	鳴き声や、動作など表現が限定的	記号・音声の組み合わせにより文章や意味の生成・共有が可能に
思考	現実の周辺環境で把握できる事物	客観的世界と、虚構の世界を表現・理解し、伝達できる
効果	集団の中で理解しあい絆を育むことでのみ協力関係の構築が可能	集団内外の虚構の共有によって、見知らぬ人とでも信頼関係を築く

- ホモ・サピエンスは進化の過程で言語を獲得し、虚構を生み出した
- 神話や社会制度、国家などの虚構を共有することで互いにまったく知らない人とも協力することが可能となった

図表3-18　ホモ・サピエンスは「共通思念（4次元感覚）」を持つことで生き残った

っているもの、もう1つが個別思念というものです。共通思念を持っていることがホモサピエンス最大の特徴だといったのが、近年、大ベストセラーになった『サピエンス全史』『ホモデウス』（いずれも河出書房新社）の著者ユヴァル・ノア・ハラリです。

ユヴァル・ノア・ハラリは『サピエンス全史』でこの4次元感覚を持っているということがAIと人間が決定的に異なる点であり、我々現生人類であるホモ・サピエンスが生き残ったのは、虚構（共通思念）を持っていたからだと指摘しています。

チンパンジーやアウストラロピテ

クスが限定的な意思疎通や思考しかできなかったのに対して、ホモ・サピエンスは進化の過程で言語を獲得したことで、虚構の世界を作りだすことができるようになりました。これは同じように進化した人類種であるネアンデルタール人ができなかったことで、これによりネアンデルタール人が駆逐され、ホモ・サピエンスが繁栄した、とハラリは述べています。

つまり、それまでの類人猿、旧人類は3次元の感覚までしか持っていなかったために、せいぜいみんなで集合して斧を持って戦うしかなかったわけです。一方、ホモ・サピエンスは概念を共有することで、集団内外の人同士で協力し合うことができるようになりました。お金や時間、国家や社会制度といったものを私たちが共有できるのは、こうした4次元感覚を知覚できるからです。

では、「個別思念」とは何かというと、他の人とは共有できていませんが、自分の感覚として3次元の感覚を超えて持っているものです。自分だけが知覚できる領域のことをいいます。この自分だけが到達できる個別思念の次元のことを、天才性と私は呼んでいます。

5次元から7次元には何があるの？

せっかくですから、5次元から7次元までも説明していきましょう。もちろんどの次元へも意識を上手に動かし、知覚の範囲を広げることが可能です。

5次元とはマスター（職人・プロフェッショナル）の次元といいます。ある分野で経験を積み鍛錬し続けた人は、必ず最後にはすべては1つである、あるいはすべてはゼロである、といいます。これはある1つの物事を突き詰めて突き詰め果てた結果、はじめて到達できる地点です。物事の根源に迫る時、（それは決して目には見えませんが）1つに集約されていくものです。

本質はこれだ、といえる人はさんざんやり尽くした結果として5次元の知覚を持つようになります。5次元の知覚を持てる人は、圧倒的に集中力が高く、当然のごとく、その下位次元である4次元感覚を超越できています。たとえば、時間をゆがめる、度量衡やお金などの社会の共通思念から自由であったりします。圧倒的な成果を上げている人を見ると、どうしてそんなことができるのだろう？と不思議に思うかもしれませんが、普通の人が常在している3次元の世界でなく、5次元に意識の焦点があるということです。これは体感的にしかわからないかもしれません。

では5次元感覚におけるゼロとイチでどういう違いがあるのか？　それはこの世の中は、何もないという考えか、この世はすべて愛である、という2つに分かれると思うのです。前者は東洋的、後者は西洋的かもしれません。禅の文化に対するキリスト教の文化という違いと言い換えてもいいかもしれません。もちろん人種によりません。欧米人でもアップルの創業者のスティーブ・ジョブズやオラクル創業者のラリー・エリソンならゼロ感覚に近いでしょうし、東洋人でも孫正義氏はイチに近いかもしれません。

ゼロは日本の枯山水の世界、禅宗や仏教の世界観で、音楽家でいうと侘び寂びを歌った滝廉太郎の「荒城の月」が代表的です。一方、イチは音楽家でいうなら豪壮なベートーヴェンを思い浮かべてください。あの壮大なベルサイユ宮殿を見てもわかるように、西洋の文化は1（愛）の世界観に近いです。

ヒットしたマンガ『のだめカンタービレ』（二ノ宮知子、講談社）の千秋先輩のモデル

人間は多層次元的に生きている

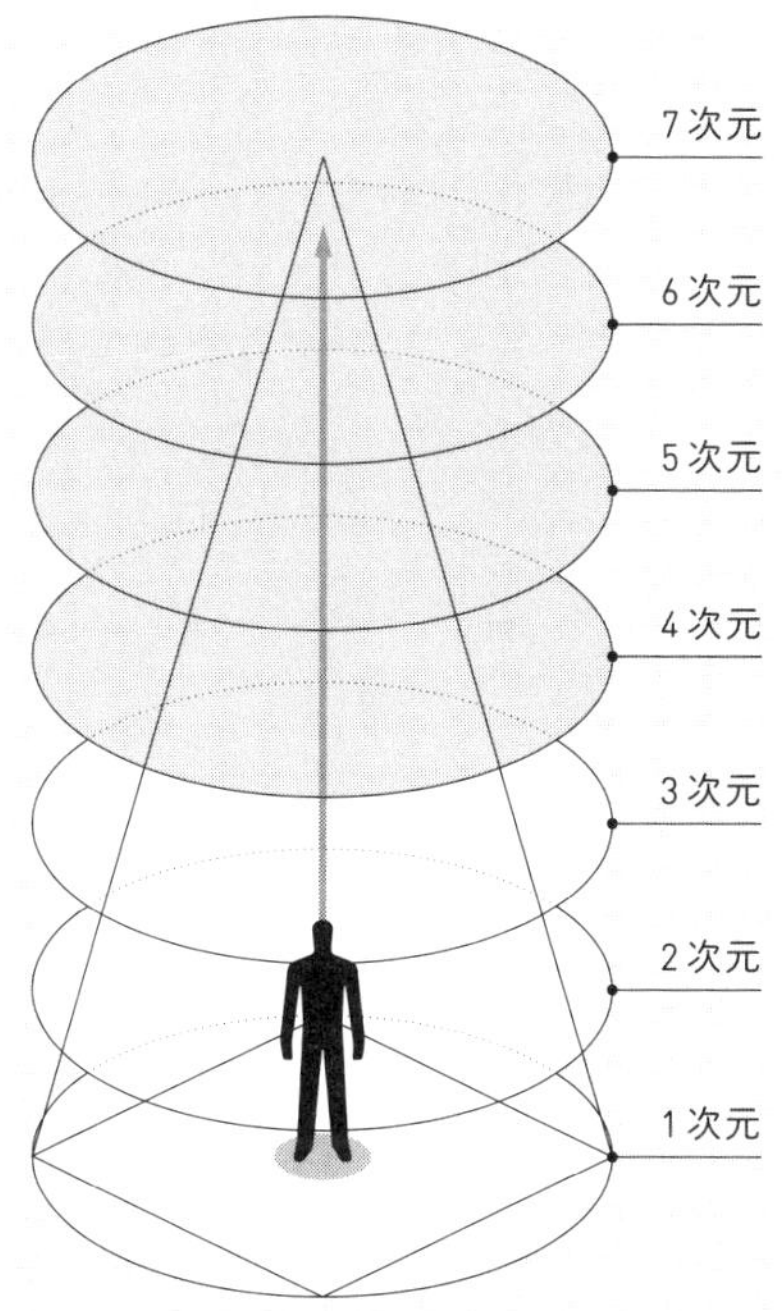

4次元以上に持っていける方向性が天才性である

図表3-19　次元性と天才性

にもなったという国際的な指揮者（山田和樹氏）は、私と同じ地元の幼稚園の出身です。帰国した際に食事をすることがあり、たくさんお話ししたのですが、彼は指揮者というのは5次元、ないしは4次元の領域で仕事をしていると感じているそうです。素人から見ると指揮者は、タクトを振っているだけのように見えますが、そのような3次元的な目に見える部分ではなく、むしろテレパシーで意識を飛ばして団員をつなげるのが指揮者の仕事だと話していました。だから言葉のうまく通じない異国の楽団でリハーサル時間がたとえ3時間しかなくても、楽団員それぞれの意識をつなげ、シンクロさせなければならないのが本当の指揮者の仕事なのです。

では6次元といえば、もう0と1が融合している世界、つまり全肯定ということになります。「0 or 1」ではなく、「0 and（かつ）1」とでもいえばいいでしょうか。先の指揮者の山田和樹さんにその次元にいた人物を挙げてと頼んだら、「音楽家では、モーツァルトかなぁ」という返事が返ってきました。なるほど確かにモーツァルトは誰もが認める天才でした。楽譜を最初から最後まで推敲せずスラスラと描ききるなど人間技ではない才能を発揮していました。

6次元感覚をわかりやすい例でいうと、「人間万事塞翁が馬」という故事があります。iPS細胞でノーベル賞を受賞した山中伸弥先生の座右の銘で、女優の芦田愛菜さんが一番好きだと答えている言葉です。「人間万事塞翁が馬」とは、どういう逸話でしょうか。最初に馬が逃げて悪いことが起こったと皆が言ったら、その馬が駿馬を連れて戻ってきます。喜ぶ一同に塞翁は「これは不幸のもとだ」と言い、その言葉通り、今度は駿馬に乗った息子が落馬します。しかしまた塞翁は「これは幸福のもとだ」と悲しまず、その後落馬で足を折った息子は兵役を逃れ、戦争で死なずに済んだ——というお話です。結局何事も良い面と悪い面があるから仕方がない、と塞翁のおじいさんは言っているわけです。要するに0でも1でもない、全肯定です。色即是空であり、空即是色、すべて統合されていて善も悪も正義も存在しないという次元です。

最後の7次元というのは、知覚を超えた次元です。簡単にいうと6次元の全肯定感覚が習慣になっていて常態化していることです。常にその状態にあるので知覚することさえないという状況を指します。数学や物理学の世界では現在11次元まで証明されつつありますが、現時点でその内容をわかりやすく言語化できるのはこのレベルくらいまででしょう。

第３章のまとめ

1 「棚卸しシート」で、
自分のコア（本質）を探し出そう。

2 「想う」「感じる」「観る」「描く」
の得意な方向に
天才性は隠されている。

3 天才性とは
４次元感覚（時間のゆがみ）
のあるところ。
他人と時間の流れが違う。

第４章
仕事と生活を再構築しよう

Try not to become a man of success but rather to become a man of value.

成功者になろうとするのではなく、
むしろ価値のある人間になろうとしなさい。
―― アルバート＝アインシュタイン

天才を生きる壁

これまで天才性の発見の方法を述べてきました。少しずつ、自分とは何か？自分の天才性がどういったものか？がわかってきた人もいるかもしれません。幸せな成功の半分は天才性にかかっています。成功とは得たいものを得ること、幸せとは得たものを楽しむことです。両者は別のものです。両方そろって人は満足できるのです。それには単にお金を稼いだり、地位や家族を得るだけでは不十分であり、それに加えて、自分の天才性に忠実に生きることが大切なのです。

天才とは、「天才性の発掘」と「天才性に忠実に生きるための環境づくり」の2つで創られると書きました。いくら天才性があっても

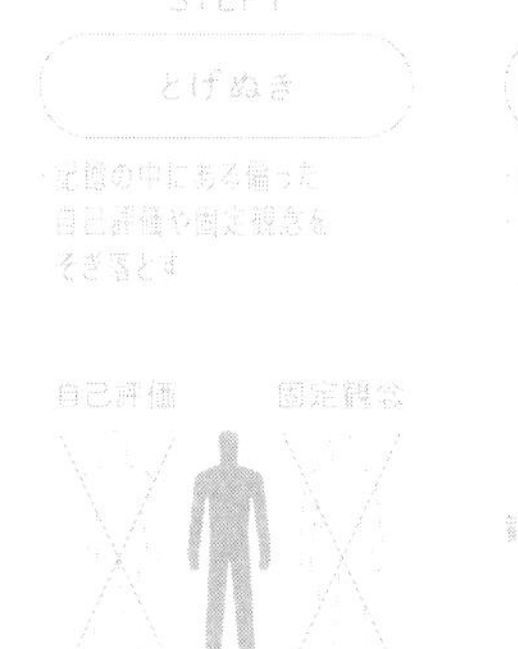
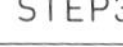
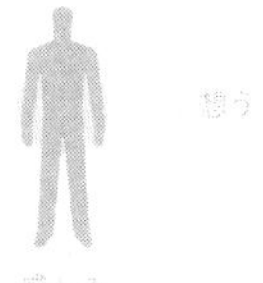

図表4-1　STEP3　再構築

自分を含めて誰にも見出されず終わってしまっては残念です。一方で自分の天才性をある程度わかっていても社会規範や偏見に囚われて自分自身を生きる勇気を失ってしまっては、やはり残念な人生に終わります。

さらにいえば、そもそも自分の天才性が発揮できる場にいなければ宝の持ち腐れですし、たとえ発揮できる場が見つかったとしても、それが今後没落していくような市場であれば、最大限それを活かすことはできないかもしれません。

ですから最後の壁は、天才性を軸に仕事や生活環境を整えるということになります。これは皆さんにとっても現実的な話です。天才性を生きる、つまり天才になるためには不安や痛みがあると考える人が多いかもしれません。ですがそれらはいくつかのコツで克服することが可能です。本章ではそれらを紹介していきます。

システムの中で生きるか外で生きるか？

今後の生き方として私たち個々人がとるスタンスは、どのようなものになるのでしょうか。これは主に4つの選択肢が考えられると思います。

・システムの中で生きる

システムが硬直化しつつ、まだあとしばらくは混乱の続く中で、75％の圧倒的多数の日本人はやはりシステムの中で生きることを選択するのではないでしょうか。

・システムの外で生きる

残りのうち、15％ほどの人はシステムの外で生きると私は考えています。彼らはいわゆ

• システムの中で生きる人、外で生きる人、改革派、グローバル派の4つの生き方に分化してきた
• 自分のスタンスを定めることが必要

図表4-2　分化した4つの生き方

るアーティストだったり、フリーランス、ベンチャーや中小企業の経営者といった人たちになります。

・システムを変える（改革派）

さらにごく少数派として、5％ほどの改革派もいます。この状況を変えるべくNPOや改革派の政治家などシステムを変える側に回ろうとする層です。

・システムから逃げる（グローバル派）

最後が日本を離れて生きるグローバル派です。今後はここを目指す人も増えてくると思われます。学研教育総合研究所の「小学生白書」（Web版、2016年調査）では、子どもに留学してほしいという希望がある保護者は40%という結果が出ています。2021年の今ではこの数値はさらに高まっていると考えられます。ただし実際にグローバル派になれるのは5%くらいだと思われます。

これら4つの選択肢の中で、一体私たちはどの道を選ぶのが賢明なのでしょうか。あえていえば、システムの中にいるというのは、今のところやはり賢い選択といえます。結局のところ、とりあえず一番安全な道であるということはいえるからです。

ただし、システムの中にいるからといって、すでにシステムは綻びはじめているという現実に変わりはありません。ですからいずれ来るシステムの崩壊を恐れながら、自分たちの代でいよいよ安定が覆される予感に怯えつつ、せめてもの生き残り策としてビジネススクールに通ってMBAを取得しシステムの上のほうに移行するといった方向に走るわけです。しかし、その道も結局のところ、より高性能にシステムを回すためのロボットとなるだけです。

一方で、システムの外を選択した人も、自分が本当にセーフティネットから外れて生き延びられるのかどうか常に不安を感じているでしょう。いくら個人の生き方の自由度が高まったとはいえ、まだ日本のシステムは強すぎる存在です。今回のコロナ・ショックでもわかった通り、予期せぬ事態が起きた場合も確たる保障はなく、仕事も雇用も家族も自らが守らなくてはなりません。

それでも、生活コストを極限まで下げ、パートナーと寄り添って丁寧に暮らしていれば、案外日本では生きていけるものです。これはこれで幸せな生き方になるかもしれません。

その他、一部の勇気ある人は、システムを壊す側に回って改革派を目指してもいいでしょう。ただ、これは非常に困難な生き方です。

この3つのどれも選択したくない人は日本から離れてグローバル派として生きるしかありません。限られた人だけになりますが、国をまたいで生きていくことが可能でしょう。

ここまで見てきたように、9割の日本人は今後システムの中か外で生きることを選択しなければなりません。では、そこに自分の身を委ねるしかないのかというと、そうでもないのです。どうするかというと既存のシステムに乗るのではなく、できる限り自分を中心としたシステムを作ることです。天才性を活かした生き方であれば、システムの中であるか、外であるか、といったことに大きな違いはないといえます。

3つの期間に分けて考えよう

これから天才性に基づいた人生の再構築の話をしていきますが、この作業はできるだけ2025年までに行なっておく必要があると考えています。

今後5年間を私は3つの期間に分けてとらえています。

・2021年から2022年　準備期（嵐の前の静けさ）
・2022年から2023年　破綻期（クラッシュ）
・2023年から2025年　創成期（夜明け）

それぞれ簡単に説明していきましょう。

・2021年から2022年　準備期

まずは、2022年までの「準備期」。この時期は「嵐の前の静けさ」ともいえます。疲弊した社会システムの中、どんよりとした空気が社会を包み込んでいます。経済についても旧産業がゾンビのように生き残り、新しい産業が芽を出すには至っていません。一方、中央と地方は税金や国民の支持を取り合って軋轢が顕在化していくでしょう。おのずと日本は都市国家に向けて地方創生の名のもとに別々の道を歩むでしょう。

・2022年から2023年　破綻期

次の2023年までの約2年間の「破綻期」で、クラッシュ・クライシスが起きます。1990年代のタイミングで旧産業は衰退しつつありました。そして2023年にはいよいよ社会システムも産業システムも崩壊し、議会制民主主義の仕組みも維持していくのは困難という段階が訪れるでしょう。

このような状況が訪れざるを得ないのは、日本の財政上の面からもいえます。日本の経済規模（GDP）はだいたい500兆円になります。上場企業全体の時価総額も約500兆円です。しかしEVA（経済付加価値）は合計してもわずか7兆円ほどです。これはどういうことかというと、恐ろしいほど付加価値は出していないが、株価だけは高くなっているということです。日本の大企業は実態としてはほとんどで価値を出していないのですが、国は経済を回しシステムを維持するためだけに税金を使い、お金を刷り続けて

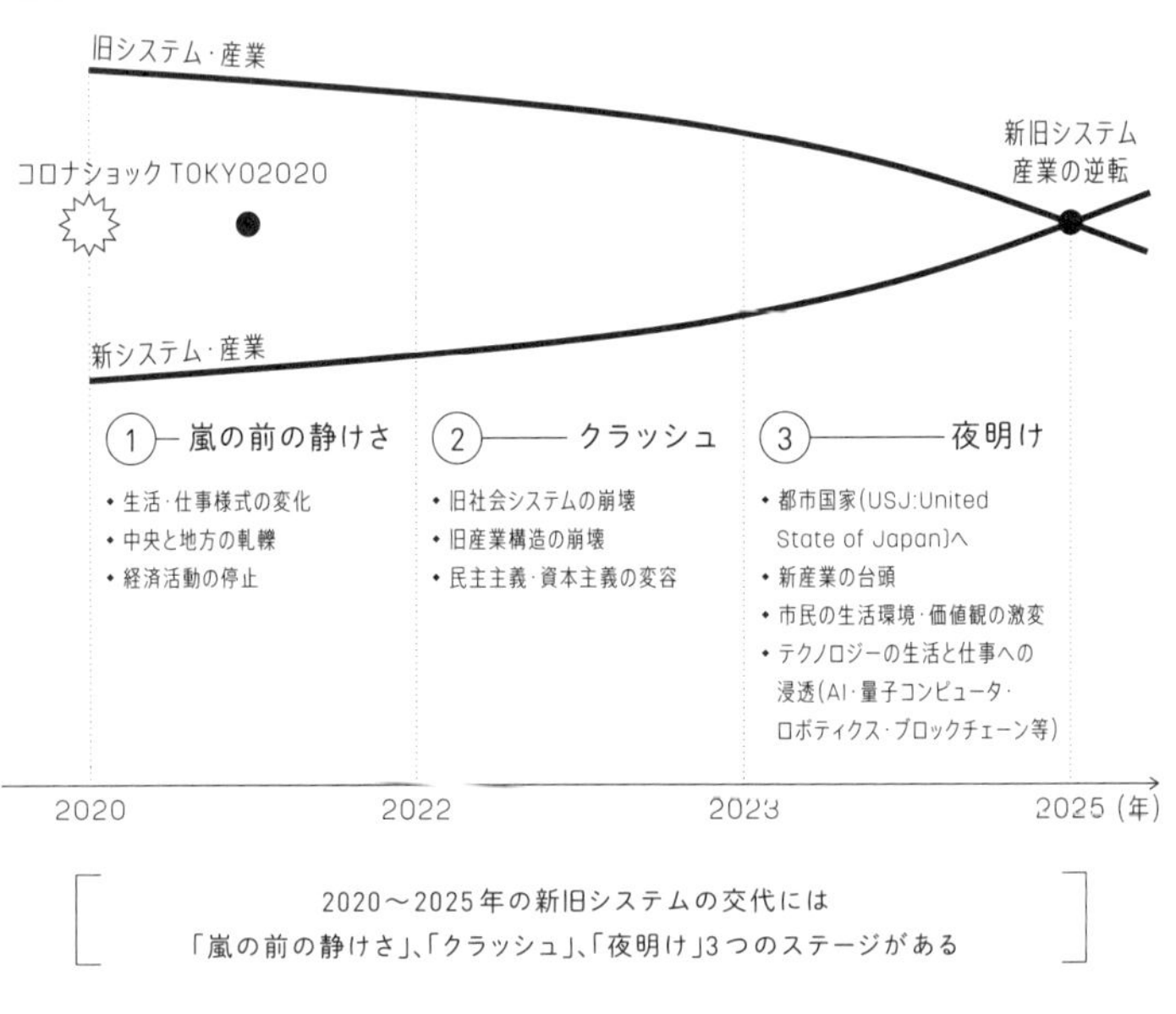

図表4-3　2021年～2025年の3つのステージ

いるという状態です。しかしいつまでもこの体制を続けることはできないはずです。

・2023年から2025年 創成期

しかしここを抜けると、2023年から2024年頃には創成期、「夜明け」の時期が来ます。今の状況では、案外これは早く訪れるかもしれません。

その頃には、新産業の台頭が起き、生活環境や価値観も激変しているはずです。テクノロジーもさらに進展しているでしょう。ＡＩ、量子コンピュータ、ロボティクス、ブロックチェーンなどは相互に組み合わさって、私たちの生活に浸透していることでしょう。

そして、新旧の交代は２０２５年頃と思われます。

２０２５年にはいよいよ産業の逆転が起こるでしょう。この頃に、新産業の台頭が進みます。コミュニティ、ロボティクスや宇宙開発、地球環境保全、未病・先端医療、新教育産業などが勃興していくでしょう。２０４０年にかけて、こういったものに日本の産業の中心が移っていくポイントが２０２５年だと予測しています。

ライフプランを書こう

さて、２０２５年までに自分が何をするのかのライフプランを立てていきましょう。すでに触れたように、準備期（嵐の前の静けさ）、破綻期（クラッシュ）、創生期（夜明け）に仕事やプライベート、生活システムをどうしていきたいか書き込むのです。もちろん、ここで書くべきは、これまで探ってきた自らの天才性に基づいた生き方に向けての準備です。すでに見てきたように、産業や社会のシステムが大きく変化する中で、自身の天才性をもとにどう生き残るかを考えてみてください。

ここで、ライフプランを立てるためのワークシートについて説明します。

このワークシートは、会社・プライベート・仕事の3つで構成されています。

「会社」は、文字通り会社の仕事です。収入については、今後も多くの方は会社から得ると考えられますので、この項目を入れています。会社員でない方は、現金収入と考えてもいいでしょう。

ここで考えるべきことは、いかに収入を安定して確保していくかです。社内外の評価や信用の積み上げ方を自分なりに考えて記載していきましょう。

たとえば、

・社内で年間1位の売上を達成する
・「社内のシステムの話なら○○さんに聞けばいい」と思われるような働き方をする

などといった書き方が考えられます。

また、収入のためにかける時間についても重要な観点です。会社の仕事は現金収入と割り切っているのであれば、いかに効率的に働いて別の時間を確保するかなど時間のかけ方についても考えましょう。

「プライベート」では、パートナーとのかかわり方やコミュニティへの関与などについて記載していきましょう。家族と過ごす時間を増やす、地域のボランティアに参加する、子どもの野球チームの手伝いをするなどが考えられます。この項目のポイントは、自分が一緒に居たいと思える人たちとのかかわりを増やしていくことです。人々が幸福を感じるのは、「一体性」、自分と周りの人のつながりを感じる時です。モノや物語の消費がひと段落した今、これから大事になっていくのは「誰と居るか」です。ですから、「自分が過ごしたい人と過ごす」ための時間や住居の使い方を考えていきましょう。

最後に「仕事」です。会社のほかに仕事とは？と思われる方もいるかもしれませんが、ここは「自分の天才性に基づいた仕事」と考えています。

今はまだ自分の天才性が発揮されていない、もしくは、もっと自分にはやりたいことが

	2020-2021 前夜	2022-2023 クラッシュ	2024-2025 夜明け
会社	・評価の上げ方 ・時間の使い方		
プライベート	・パートナー・ファミリー ・コミュニティ		
仕事 （生活システム）	・ボランティア（価値貢献） ・マネタイズ（報酬形態）		

◆2025年までの過ごし方が、その後の人生を決める
◆ライフプランを立て、新しい環境で生き残る準備をする必要がある

図表4-4　ワークシート：2025年までのライフプランを立てる＊

あると思っている方は、今後長期的に天才性に基づいた仕事で収入を得られる状況を構築するべく、ボランティアからはじめ、少しずつ計画を立てていきましょう。

　もしすでに「自分の天才性に基づいた仕事をしている」と考えている方は、今後の変化を念頭に、将来的にどう成長させていくかを考えていきましょう。

＊ フォーマットはジーニアスファインダーのサイト（https://geniusfinder.me）でダウンロードできます

未来の産業を選ぼう

仕事については、できるだけ今後伸びていく産業にかかわるようにシフトしていきましょう。ここでは少しだけ産業の話を書きます。産業の未来は、本書の中心テーマであるジーニアスファインダーと直接は関係しませんが、現実的な未来を考える上で大事な話ではあるので、興味がある方はご覧ください。

自動車、建設、旧メディア……衰退する旧産業

まず、これまで日本を支えてきた自動車産業、建設、新聞・テレビなど旧メディア産業は徐々に衰退していくでしょう。

建設業は、雇用の維持のため、銀行ローンや生命保険の契約のため実は不要な建築物を発注する……など、新築を作らざるを得ない仕組みになっています。実質的には新築の着工数は今の10分の1から5分の1でいいはずです。むしろメンテナンスの需要が高まるでしょう。

欧米では物件価値を高めていくようなリフォームを行ない、中古を売買することが中心になっています。つまり二次市場が成熟しているのです。日本ももちろん、100年使えるような住宅を作る技術があります。しかし新築を作らなければ建設業界は雇用を維持できず、銀行もローンで儲けることができません。生命保険だって多くの場合は、住宅ローンを借りる時に入るわけですから需要が減ってしまいます。そういったわけで我が国では新築中心の状態が続いていました。しかし人口が減る中で空き家率は2033年に27・3%にものぼるという予測が立っており、タダ同然で空き家を買い取り、リノベーションするという事例も増えています。建設業は長期的に衰退せざるを得ません。

日本の屋台骨である自動車産業も長期的には衰退を免れ得ないでしょう。

もちろん、新型コロナウイルスによる販売減は一時的なものではあります。しかし、より本質的な減益の原因としては、自動車産業のコモディティ化が存在していると考えられます。

今は途上国の進化が進み、車は必ずしもトヨタやホンダでなくてもよい、という状況になっています。国内自動車メーカーも海外企業に出資するなど頑張ってはいますが、それだけではやがて衰退していくでしょう。

そこへさらに、様々な変化が追い打ちをかけています。ＥＶ（電気自動車）、ＡＩ化の波です。これまでのガソリン系統の自動車作りでは従来の職人技が必須でしたが、電気系統に切り替わることで駆動システムも内装もシャーシも全部変わってしまいます。今まであった部品工場もエンジンやマフラーを作っていた職人たちも、いらなくなってしまうのです。

そして車がＡＩ化した暁には、自動運転が中心になるため当然、車はバスや電車などの公共交通機関と同じく、シェアリングされます。今でもどんどん進んでいるシェアリングの波が、さらに加速するのです。そこで恐ろしいのは、実は自動車というのは、所有していたとしてもほとんどが駐車場などに停止している状態である、という事実です。つまり、車を持っている人はほとんど運転していないにもかかわらず、なぜか所有しているということです。

ということは、もし自動運転が当たり前になったら、車を持っている人は当然減っていくことでしょう。

新型コロナウイルスによる影響も、販売店の休業といった要因だけなら一時的な販売減で済みますが、その後もテレワークの普及などで人が移動しなくなったとしたら、長期的に販売数を押し下げます。

そこで何が起こるかというと、自動車のみならず自動車の関連業界全体に影響が出てくるということです。駐車場やメンテナンス業だけでなく、自動車保険を扱う損害保険会社も今のままで体制を維持できなくなるかもしれません。

また、原油価格にも影響が出ると考えられます。２０２０年春に原油価格が史上初のマイナスとなったのは、要するにアメリカ人が大きな車を運転しなくなったからです。産業自体がストップしたことは確かに大きいですが、車で移動しなくなることで原油価格がここまで下がるのです。

このように、現在の自動車産業はダブルどころかトリプル、いや数え上げれば10個は逆風となる問題を抱えています。

また、自動車業界の衰退は、日本の産業全体の問題ともなります。日本の産業の中心は何か。時価総額500兆円のうち、だいたい10%、50兆円を占めるのが自動車関連事業です。雇用に占める割合もほぼ10%、600万人を雇っている巨大な産業です。さらに自動車保険や中古車市場などの周辺の事業も合わせると、その割合は20%、100兆円規模になるかもしれません。

端的にいえば、我々日本人は過去50年間はこの自動車産業で食べてきたのです。自動車産業には企画や設計から、部品作りがあり、板金でシャーシを作る工場も必要です。そして、それらを組み立てて販売し、アフターケアもしなければなりません。さらには自動車単体のみならず、保険や金融事業を付け加えることもできます。ガソリンなどのエネルギーもです。

それらの長いサプライチェーンのもと、バケツリレーをしっかりとやっていくことで、よい車ができるわけです。このバケツリレーこそが、ある意味で島国で暮らしていたことで、阿吽（あうん）の呼吸で会話することに慣れている日本人が得意なことです。

また、サプライチェーンが長い産業は、多くの雇用を生むことができます。中卒であっても高卒であっても、院卒のエリートも全部含めて、あらゆる人々の雇用を吸収できます。誰でも吸収できる自動車産業は、あらゆる日本国民が様々な方法で働けるプラットフォームだったというわけです。

しかし、そんな時代は終わろうとしつつあります。オリンピック後と予想していたよりも早く、新型コロナウイルスの出現で、産業構造は前倒しですっかり変わりました。もはや日本の産業構造自体を本格的に自動車から、別なものに変えるしかないと思います。

オリンピックの延期で準備期間が延びた！

2020年には、日本ではオリンピックが開催されるはずでした。そのまま無事に開催されていれば、もはや臭いものに蓋ができなくなり、あとは衰退の一途だと私は考えていました。そう、2020年にオリンピックが成功していれば、日本は今年後半には相当追い込まれていたと思います。

しかしコロナ・ショックが来た。ここであえて私は考えます。「オリンピックの開催延期は不幸中の幸いだった」と。もちろん、コロナのことが幸いであるわけではありません。しかし新しい時代に向けて準備期間が伸びたことはチャンスだとは思うのです。

なぜなら2020年、オリンピックが成功に終わるということは、日本にたくさんの外国人が押し寄せ、インバウンドで儲かるということだからです。ではなぜ、外国人客は日本に押し寄せてくるのでしょう。

それは単にお金をたくさん刷ったために円安になって「コスパ」のよい旅行先だとみくびられているからといえます。清潔で整理された街並み、時刻表通りに発着する交通機関、コンパクトサイズながら小綺麗なホテルは、欧米なら1泊200万円まである青天井のプライスですが、日本なら高くても7万~20万円で宿泊できます。

外国人客は喜び、日本は手軽な収益源を手に入れたと勘違いするでしょう。

しかし、そうなれば名実ともに日本は終わってしまうのです。

なぜか?

確かにいまや外国人旅行者は年間3000万人、市場規模で4・8兆円まで達しています。でも、これはGDP500兆円の日本を支えるわずか1%にも満たない、ということを考えてみてください。

そんな産業を本気になって盛り上げることで、一番の問題は、それにかかわる人々が増えてしまうことです。タピオカ販売なら誰でもできます。つまりインバウンドという名の観光産業とは、大切な雇用を食ってしまう極めて労働集約的で、参入障壁の低い低収益産業なのです。

したり顔で生産性を語るつもりは毛頭ありません。しかし、どんなに否定されても私はすべての日本人と未来の日本を守るために、あえてここで正論を書きたいのです。

観光立国は「下の策」です。落ちぶれた国家が最後に選ぶ、最も安易な退廃の道ともいえます。

現実に観光業が盛んなヨーロッパの南の国々を見てください。かつて繁栄していたギリシャ、イタリア、スペイン……どれも失業率が高く、財政赤字の国として、EUのお荷物的存在になっています。それらの国々は今、昔から積み上げてきた遺産を観光客に見せて、たまに写真を撮られたりすることで自らを削っていく産業で身を立てています。観光業で食べていくということは、産業的には辛い、末期を迎えている国ともいえるのです。
では具体的にどのようなことをやっていかなければならないでしょうか？

新産業は「ロボティクス」「医療と未病」「コミュニティ」

ここまで見てきたような様々な変化の中で、今後の日本で注力すべきテーマは次の3つになる、と私は考えています。

1つはロボティクス、次は医療システム、最後にコミュニティインフラの確立です。まずはロボティクスの可能性について、詳細を見ていきましょう。

①ロボティクス

今後日本が最も注目すべきは、ロボティクスだと、私は考えています。

よく日本からはなかなかGAFA（Google, Amazon, Facebook, Apple）のような産業が出てこない、といわれます。現在欧米で隆盛を極めているGAFAのような産業は、1人が作り

1	2	3
ロボティクスの創生	医療システムの改革	コミュニティインフラの確立
•日本の強みは長いサプライチェーンを可能にする「擦り合わせ」 •複雑で多数の工程を踏むため、多くの雇用を生むことができる •国外に輸出し外貨を得る	•日本は世界で高齢者が一番多い国で、社会保障費は国家予算の3割 •医療システムそのものの改革に絡む •アメリカなどからシステムを輸入しコストを削減する	•日本は政治システムが過渡期 •県という概念がなくなりいかに優秀なリーダーがいるかが重要になる •社会インフラを作る仕事が儲かる

図表4-5　日本が注力すべき3つのテーマ

だすものです。けれども、むしろ日本はこれまで擦り合わせの文化の中で、言語化されない知恵を持ち寄り、他の国が真似できないクオリティを担保してきたことを忘れてはなりません。

かつて「ジャパン・アズ・ナンバーワン」と讃えられた80年代に、日本が強い理由は何か、結局世界中がわかりませんでした。しかし、それこそが擦り合わせの文化だったのだと思います。そして、ロボティクスもやはり擦り合わせが必要な産業です。なぜなら、サプライチェーンが長く、日本人が得意とするバケツリレーで作らなくてはならないからです。

今はロボットに関してはアメリカと中国が圧倒的に強いです。でも、それはロボットの躯体だけであって、サプライチェーンがあるわけではありません。中古や再生市場もありません。私が地元に帰ると、友人が今でも部品屋をやっており自動車を直してくれます。別の友人は中古車ディーラーをやっています。自動車保険を扱っている人もいます。日本の自動車産業はサプライチェーンの長さをきちんとバケツリレーできるわけです。それがこの国の強さです。

ここで注目したいのは、ロボティクスはまだコモディティ化されていない、未熟な市場だということです。つまり、自動車と違い、高付加価値産業なのです。今後多くの企業が統合されていき、ビルや高速道路などのメンテナンス、警備や介護にも使われていくはずです。自動車は道路を走るだけですが、ロボットは道路だけでなく工場内を動き、空を飛び、歩道を歩き、家庭やオフィスにも入りこみます。きっと膨大な数のロボットが動き、あらゆる産業が何らかの形でロボティクスに絡むようになるでしょう。AI、ネットワーク、駆動系、電気系、板金、保険・金融、教育から介護まですべてです。これほど膨大な市場はありません。トップベンチャーキャピタルが軒並みロボティクスへ投資しているのも肯けます。日本も、2兆円くらいは国家的投資をすべきでしょう。

そして、ロボティクスのサプライチェーンの長さは自動車産業同様に、今後の日本人全体の雇用を吸収することにつながります。また現在のロボットはロボットだけでは仕事を完結できません。ロボットの裏側には、何か問題が起きた時に対応できるオペレーターが

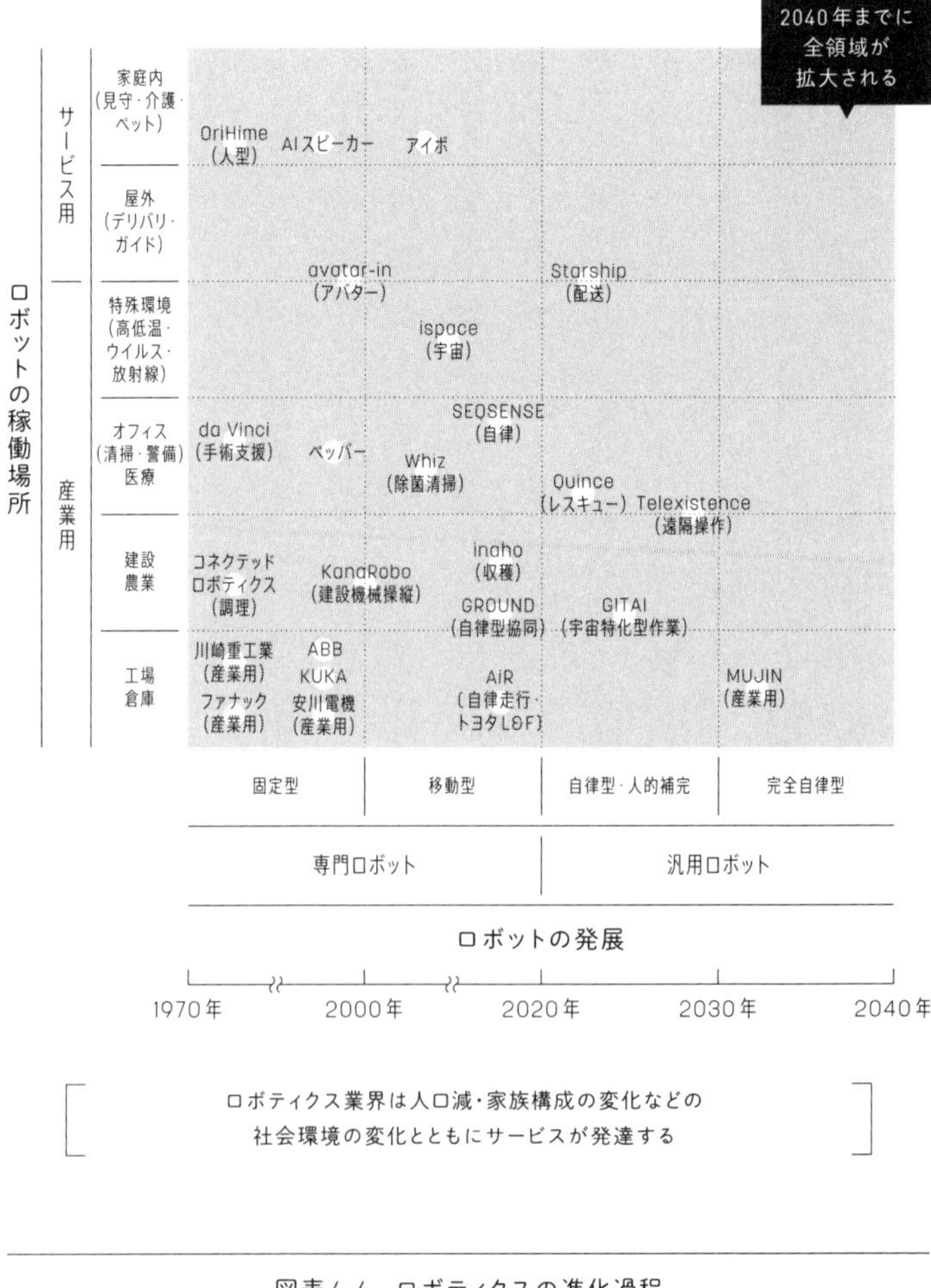

図表4-6　ロボティクスの進化過程

必要になります。そのオペレーターを含めて、ロボティクスは日本の産業全体の中心になると考えています。

②医療と健康

今後の日本で産業の中心として日本全体の売上を立てるのがロボティクスだとすると、日本国内のコストを削減するのが医療システムの改革です。

この分野は、我が国が今一番取りかからなくてはならない分野です。世界で最も高齢化が進んでいる日本では、社会保障費は、国家予算の3割を占めるまでに至っています。しかも、このままでは今後さらに膨大なコストがかかり続けることが予想されています。

やや嫌味な言い方をすれば、大きな票田である団塊世代が現役を引退した今、社会保障改革はまったく進まないと思います（逆に働き方改革が進んだのは、団塊世代が引退して、自分たちに関係がなくなったからともいえます）。しかし、この分野の改革なくして、日本に未来はありません。

まず新型コロナウイルスの出現で明らかになったように、日本の医療ではスムーズなオペレーションが確立されていません。

この状況を改善するために、自らが介護士になったり、看護師になったり、あるいは医者を目指すというのもいいでしょう。ただ、そういった現場のプレイヤーだけでは改革は進んでいきません。その先にあるシステム全体を再設計、デザインする人が必要なのです。

私は医療においては、「病気以前」、「病気になってから」、「健康寿命が終わってから死による寿命の終わりまで」の3つの部分でのイノベーションが可能だと思っています。「病気以前」の段階では未病分野としてビッグデータやDNA解析、ライフログデバイスを使った統計学的アプローチが考えられます。「病気になってから」の領域では、新しい健康保険組合の創設など、それこそ制度改革が必要でしょう。加えて、代替医療や再生医療といった分野もさらに進化させるべきです。そして、「健康寿命が終わってから死による寿命の終わりまで」には約10年の開きがあることを忘れてはなりません。この介護期間は、ロボティクスを使った寝たきり防止策などの改革案が有効でしょう。

このように一口に医療といっても、そこには様々な分野があります。現代の医学は統計学でもあり、先端医療も未病も、アフターケアやゲノム解析といった分野も含まれます。医療システムというのはそれら個別の分野のことではありません。電子カルテや保険制度、医師会の扱い、総合病院と町医者などを含めた、医療業界のエコシステムそのものを指しています。

医療改革については、改革すべきポイントはたくさん挙げられます。保険制度や医師会の問題はもちろん、必要な情報がなかなか公開されない、カルテもシェアされないといった見えない課題が数多く潜んでいるからです。

こうした課題に対しては、海外から先端のシステムを導入して改革を進めるべきです。オペレーションを改善して、今かかっている医療費を3分の1に減らさなくてはなりません。ロボティクスを輸出産業として金を稼ぎ、医療システムは海外から導入してコストを減らす、これが日本の進むべき道です。

そもそも医療分野については、従来の健康保険でのアプローチ以外に様々なことが考えられます。

たとえば私の母親は若年性アルツハイマー病ですが、未病のアプローチに加えて、代替医療や機能性医学も取り入れています。手をつないで散歩したり、朝の8時と夕方5時には電話をして、彼女が15歳だった1965年の流行歌である「エーデルワイス」を歌う、と

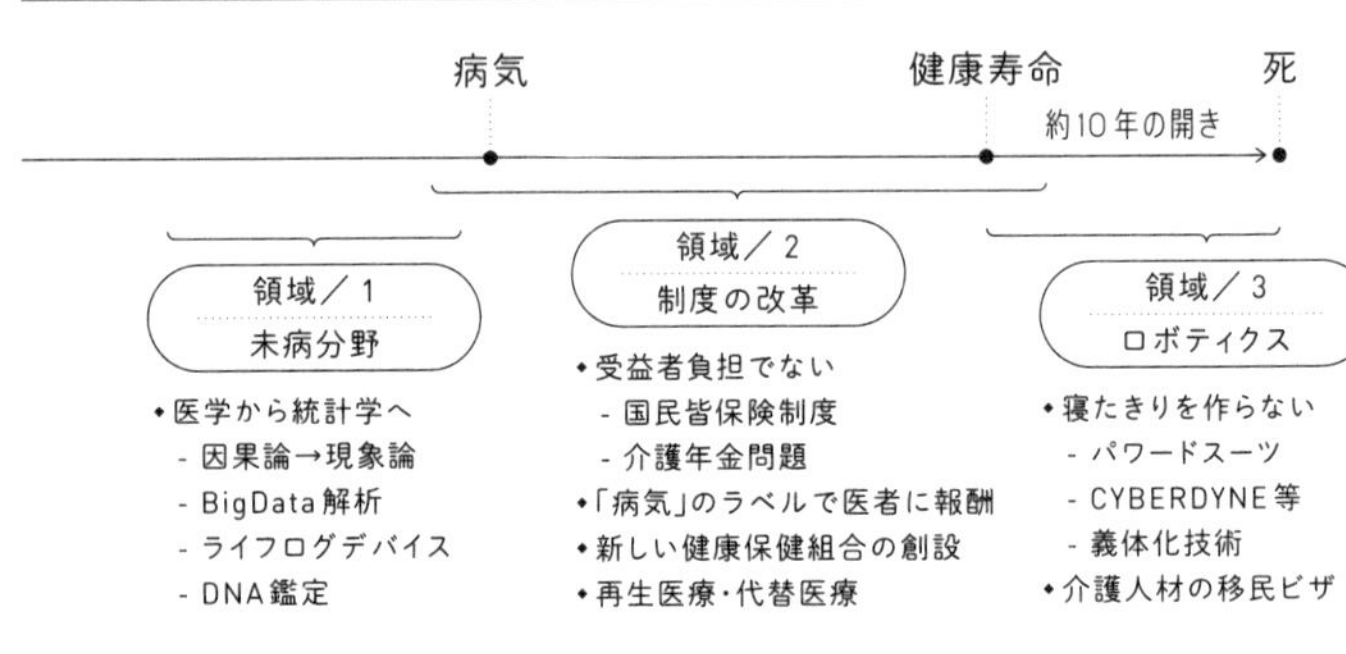

図表4-7　医療システムの改革

いったコミュニケーションも大事なアプローチです。

つまり、健康的に生きるためのあらゆるアプローチは、同時並行でいくつもやっていいわけで、医者任せにすることはないのです。そう考えると、これからの時代は誰もが医学的なことを学ぶべきで、保険診療でただ待っている状態はもう終わりだといえます。

③コミュニティインフラ

最後に、コミュニティインフラの確立です。

この国を1つのコミュニティ（ソサエティ）でとらえるのは、すでに限界を迎えています。今後は国をそれぞれの地域コミュニティに分解していくことが重要になってきます。各地域コミュニティ

コミュニティインフラとして最適な時間通貨の使用イメージ

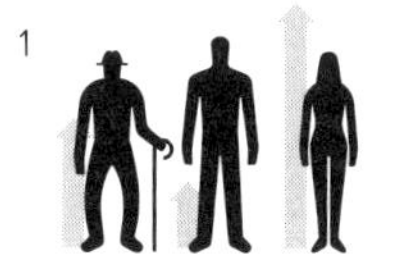

コミュニティ内の
貢献の計測

お互いの地域での
助け合いを行なった時間を
記録することで
その貢献度を測る

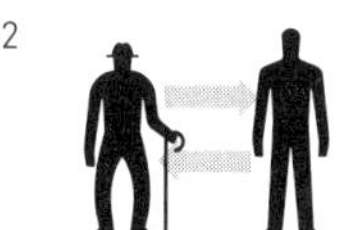

世代を超えた交換

ボランティアなどによる
若者と高齢者の
世代間での交流

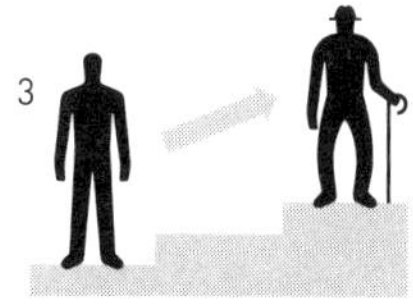

時間とサービスを交換する
新しい年金制度

若い時にボランティアで時間を使い
(＝時間通貨の積み立て)
将来医療や介護の
サービスを受け取る

「時間通貨は、すべての人にとって平等な時間が単位であり、
文脈とつながりを保全でき、コミュニティに適している」

図表4-8　時間通貨システムなどのコミュニティインフラ

がそれぞれ地方債を発行して、外交してもいいかもしれません。

新たな産業も生まれてくるでしょう。たとえば、「時間通貨システム」のような、新しいシステムも必要になるかもしれません。時間通貨とは、図表4－8のようにお互いの地域での助け合いを行なった時間を記録することでその貢献度を測るものです。このサービスを通じて若者と高齢者の世代間での交流も可能になりますし、若者にとっては若い時にボランティアした時間を年金として積み立て、将来、自分が介護や医療のサービスを受ける時に使えるというものです。使うのは時間、受け取るのはサービスの形というのがこの期間をまたいだ年金システムの特徴です。長い期間の間にテクノロジーが発達し、自分が貢献した時間以上に介護や医療の生産性が高まっているため、より少ない積み立て（時間）で、より大きな対価（サービス）を得られる仕組みです。

8つのポジションと新産業の関係

第3章で説明した8つのポジションと3つの新しい産業でのかかわり方を表したのが次ページ図表4－9になります。よかったらご自身があてはまったポジションが興味のある産業とどういう関係にあるかを確認してみてください。大切なのは、自分の天才性が職業を規定してしまうということは決してないことです。どのような産業や職業に対しても、必ず自分の天才性を活かすことができます。新しい情報はジーニアスファインダーのウェブサイト（https://geniusfinder.me/）でも順次、掲載していく予定ですのでご覧になってください。

産業と職種のマトリクスで自分の立ち位置を客観的に把握する

▼

天才性のポジション ＼ 新産業		コミュニティ	ロボティクス	医療と健康
想う（人）	1	各個人・家庭のサポート・メンタリング	カスタマーサービス、個別相談	臨床心理士、看護師、介護士、ケアマネジャー
	2	コミュニティ事業の創造と経営運営	営業、メンテナンス	病院法人等の改革や経営・遠隔医療やライフログを使った未病ビジネス
描く（構想）	3	自治・教育法律・地域通貨システムの構築と運営	AI・駆動システムエンジニア	統計処理・ゲノムベンチャー・医薬品研究職、ロボットスーツ開発
	4	市長、コミュニティリーダー、コミュニティ資源の保全と分配	IOT事業関連・企画開発	医師、厚生労働省、公務員、健康保険組合の運営
観る（社会）	5	政策提言、地方自治体	ビジネスモデル・サプライチェーン構築	医療システム（医療保険・介護年金・介護人材ビザ等）の改革と再構築
	6	公共施設の運営	資源調達・循環システムの構築	公衆衛生、未病対策
感じる（モノ・コト・自然）	7	地域の歴史・文化の保護と承継	故障修理、廃棄物処理	オステオパシー・漢方等植物療法師・アニマルセラピー
	8	自然の管理	ロボットの取り付け・メンテナンス	鍼・整体等東洋医学施術家

図表4-9　産業と職種のマトリクス

COLUMN

本当の再構築とは

あらためて、本当の「再構築」の考え方について触れておきましょう。

再構築のためには、まず土台に「愛」がなければなりません。自分の存在価値が決して揺るがないことを自分で認知している状態です。これはステップ1の「とげぬき」によって、偏った自己評価を消滅させることや、誰かから無条件に受け入れられること、つまり愛される経験が必要です。

その上で、いわゆる「自由生活」を実現することです。これはストレスフリー（心の負担ゼロ）・ロケーションフリー（どこにいるのも自由）・フィナンシャルフリー（お金の心配ゼロ）の3つのフリーを現実化しなければなりません。そのためには眠っている口座から机の引き出しから全部、お金になりそうなものは出し、使っていない家具・家電・家・土地も全部売ってしまいます。気づいていないだけでお金に換えられるものは意外とあるものです。親に依存したり、政府の補助や奨学金を得ることも検討しましょう。そこで集めた全財産を生活固定費で割ります。すると自由生活を送れる期間（これをバーンレートと呼びます）が算出されます。その期間はとにかく嫌なことはまったくしないのがコツです。

そしてジーニアス・ベースト・ライフという、ステップ2で見つけた自分が本当にやりたかったこと、自分がわくわくすること、自分にとって自然で得意なことをただただ遊ぶのです。最後に、そのジーニアスを社会に適合させていく、つまり仕事に換えていくというのが再構築の流れになります。

ただし、ここまで行なうのは現実的でないという方もいるかもしれないので、もう少し現実的なところで本書ではまとめています。

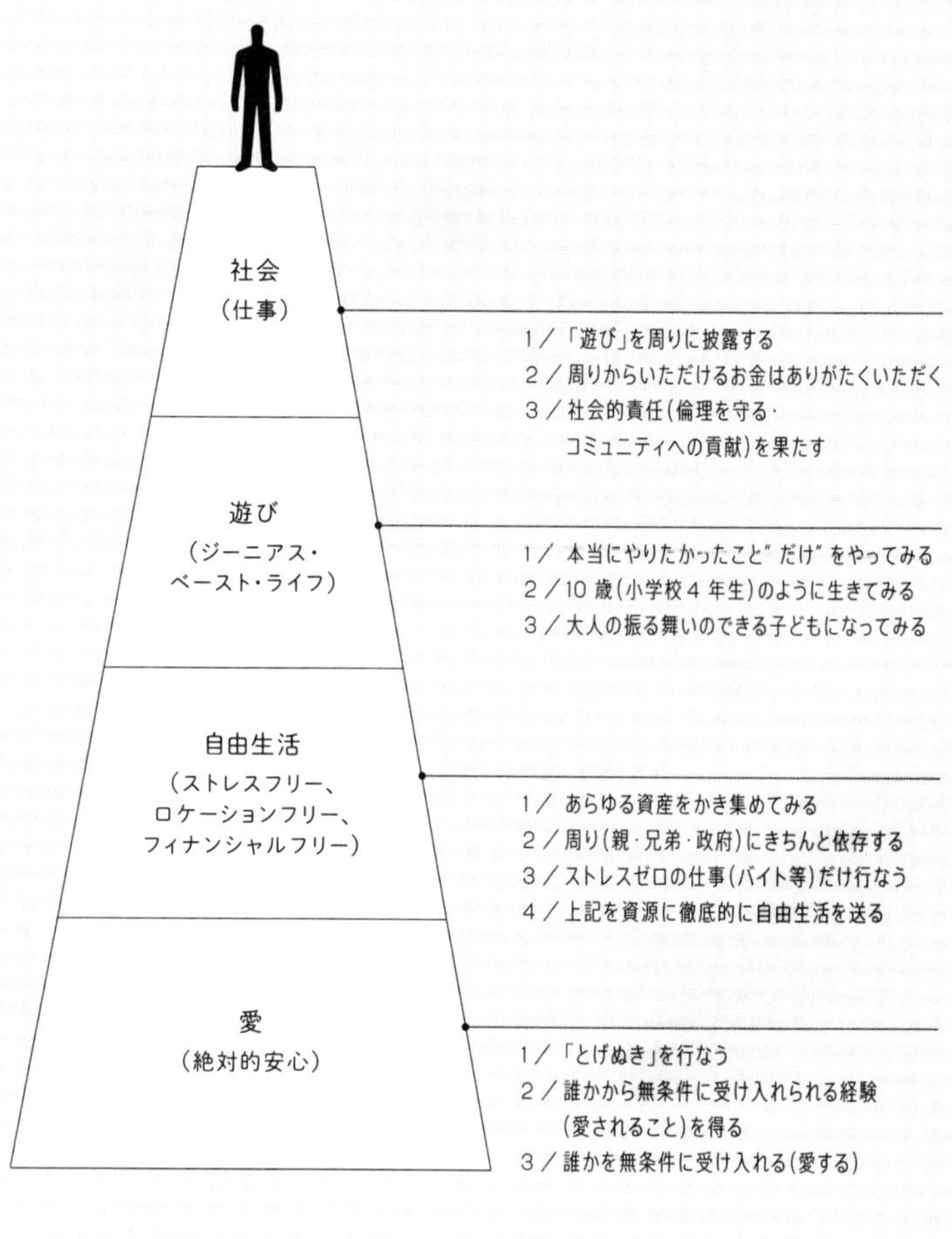

図表4-10　再構築の流れ

新しい時代の5つのルール

最後に新しい時代に必要となる生き方のルールを5つ紹介させていただきます。

ルール1 生活と仕事を一体化させる

生き方の再構成を考える時、生活と仕事を一体として考えることが重要です。

今までは、就職をすれば、収入がいくらだから、その3分の1を生活費に充てて、住む場所は通勤時間30分以内の場所……というふうに仕事を選べば、その結果、その人の暮らしがある程度決まってしまっていました。

しかし、これからは自分の天才性を起点に、暮らしと仕事をカスタマイズしていく必要があります。

今までは仕事の大半がオペレーション（操業）で占められていて、自分の時間を投入し効率化することが求められてきました。しかし、これからはクリエーション（創造）が仕事になります。そのためには天才性を発揮することが必須であり、天才性を起点に生活や仕事を組み直す必要があるのです。


天才性を発揮するための暮らしと仕事の再構築において、ポイントは2つです。

1つ目に、社会、時代において最も大きな市場で天才性を発揮すること、2つ目に、天才性の性質に合わせて収入のモデルを組むことです。

その時代の大きな市場で勝負しよう

天才的なプレーヤーであるイチロー氏や中田英寿氏は、それぞれの競技では花形のポジションではありませんでした。イチロー氏はホームランを狙わず、ヒットを量産します。

「野球の天才」ではないわけです。では、何の天才かというと、「努力、組み上げる天才」です。そしてその天才性を発揮して生き続けるためには、収入を得る必要がありました。たとえばクリケットなど、他のマイナースポーツをしていたとしたら、同じように卓越した技術だとしても、それだけで生活をすることは難しかったでしょう。イチロー氏を天才たらしめた理由は、野球という日本で大きなマーケットを選んだことでしょう。野球という巨大な市場で、自身の天才性を発揮し続けたことで、彼は名声を得、天才性に集中するための資金やバックアップを得て、天才に至るまでになったのです。

中田英寿氏についても同様で、彼はストライカーではなくボランチでした。彼もまた、「サッカーの天才」ではなく「バランス感覚、フィールド全体を見回す天才」でした。

「モナ・リザ」や「最後の晩餐」などを描いたレオナルド・ダ・ヴィンチは画家のイメージが強いですが、彼が残した業績は天文学、建築学、解剖学、物理学など多岐にわたります。彼を「万能人（uomo universale）」と呼ぶ人は多いのですが、それは少し間違っているかもしれません。

彼の天才性は、「美＝バランスへの絶対音感」であり、アートも、人の骨格も、ヘリコプターの概念図もすべて同列で見ていたのです。ただ、社会の中で受け入れられたのが宗教画だったのです。

今やその実力が世界で認められている映画監督の北野武氏もまったく同じです。いまだに彼の創作を見て「お笑い芸人が何やっているの」という印象を持つ人がいますが、彼にとっては漫才も絵画も映画も小説も、すべてつながっています。

お笑いという器だけでは彼の世界観を到底表現しきれないから絵も描くし、映画も撮るし、小説の創作活動に励むのです。彼の若い時代にはお笑いという形しか収入確保の方法がなかったので、「お笑いの人」というイメージが定着してしまったのです。

このように、社会で受け入れられる時はそのアウトプットの一部しか評価されません。ダ・ヴィンチの場合はルネッサンス時代のテンペラ画、北野武氏の場合は１９８０年代のテレビやラジオでした。

私たちも自分の天才性を発揮する産業を注意深く見ていく必要があります。その話はこの章の前半で述べたので、ここでは収入モデルと天才性について見ていきましょう。

「月25万円」という発想から抜けだそう

仕事と生活の選択肢を挙げた次ページ図表4-11を見てください。仕事における収入形態（ビジネスモデル）は横軸、縦軸は生活軸（生活コスト）です。横軸のスポット収入型とは商品・サービスを1回きりで提供するパターンであり、定額収入型は継続課金、エクイティ型は成果に連動して報酬を受け取る形式です。縦軸は、生活で毎月かかる固定コストであり、5万円、25万円、50万円の3つで考えてみます。

9つのブロックのうち真ん中の定額収入型が普通、皆さんが最初の選択肢として考えやすいものではないでしょうか。しかし、アーティストなど技術を高めて高値で作品を販売する人や、投資家など価値が上がったところで現金化する人はスポット収入型、起業など成果連動型で収入が増える人はエクイティ型となります。仕事がストック型から、スポット収入型やエクイティ型へ移行した時に、月額固定費25万円が必要となると、生活が立ちゆかないこともあります。

ですので自分のスタイルを中心に肉付けをする必要があります。最低15万円は月に必要

ビジネスモデル ＼ 生活コスト（固定費）	スポット収入型	定額収入型	エクイティ型
30万～60万円	ディーラー 車、家、金融商品等マージンの大きな商品を売る	サラリーマン 月15万～60万円の生活費（ローン等）を払い、月額固定で給与を得る	起業家・投資家 月15万～60万円で事業を生み出し、将来的に指数関数的な収益（株式等）を狙う
15万～30万円	自由業 生活費を下げ、自分のペースで暮らしながらスポット収入を得る		
5万～15万円		丁稚奉公 尊敬できる師匠の元でまずは力をつける	アーティスト・発明・文筆業等 市場価値が付くと一気に利益が上がる

- 生活コストは月5万～50万円、月額の固定報酬のみを選択肢として考えている人は多いが、生活コストと仕事の報酬は様々な形がある
- 自分の天才性に合わせて生活と仕事のスタイルを定め、生活コストは徐々に安く、仕事は徐々にエクイティ型へと移行させる

図表4-11　「月25万円」という発想から抜けだそう

と考える人が多いかもしれませんが、実際には個々人の生活費は0～500万円まで幅があります。月5万円しか固定費がかからないとなると、仕事の幅が広がります。一攫千金もありえるし、エクイティ型つまり収入が将来入ってくるパターンのビジネスを選ぶこともできるのです。

最初のサラリーマン的な考え方から入っているのでそれ以外のリスクの取り方を知らない方が多いですが、生活費を5万円に抑え仕事はエクイティ型とし、初年度は収入が10万円ながらそ

の後指数関数的に増加し、収入が５０００万円になるというケースも十分ありうるのです。

原則は、仕事はスポット型→ストック型→エクイティ型へと変化させ、生活費は抑えるように心がけましょう。より固定費を下げて単発的な支出を増やす形にし、収入とともに増えてしまうコストは持たないようにする。当然、メンテナンスコストが高いものも持たないようにしましょう。

ルール2　会社でなく自分でキャリアを作る

もはや会社を選択する時代ではないと思います。そもそも新卒でせっかく会社に入っても、身体的・精神的にブラックな環境でストレスからうつ病になったり、体調を崩して３年ほどで辞める人も多いのが実態です。そうすると、会社に就職したらそこからどんどん積み上がっていくというキャリア像は、現実的ではないということになります。

もしかするとこれからのキャリアというのは、１９３ページ図表４－12のようにまずは学生時代からバイトで興味のある業界に入って、仕事を受託しながらフリーランスとなったり、起業して自分でスキルや実績を磨き、適当なところで事業を売却する、という流れが珍しくないかもしれません。

私の例でいうと、20代はとにかくお金を稼ぎながら自分の本質を見つけなければなりませんでした。その頃は9時から5時まで——当時でいうところの9時から5時というのは、朝の9時から朝の5時までのことだったので、とにかく4時間しか自分の時間がなく、数寄屋橋の交差点で朝タクシーを拾って帰ってシャワーを浴びて2時間半か3時間寝て、また出社するという日々でした。

次のステップとして、30代に起業しました。この時、私は世界は多層的で、正義も悪もない、頭がいいから勝つということではない、ということを身をもって学びました。「正義は人の数だけある」というのが座右の銘になりました。ファイナンスを行ない、チームを作り、システムを作り、利益を作り、事業売却まで行なったことで、自分の中でそれらが血肉化できるようになりました。それから留学して帰ってからまた会社をやり直し、たくさんの会社に投資する事業創造の段階に入り、その間に大学院に入って学位を取るということもしました。

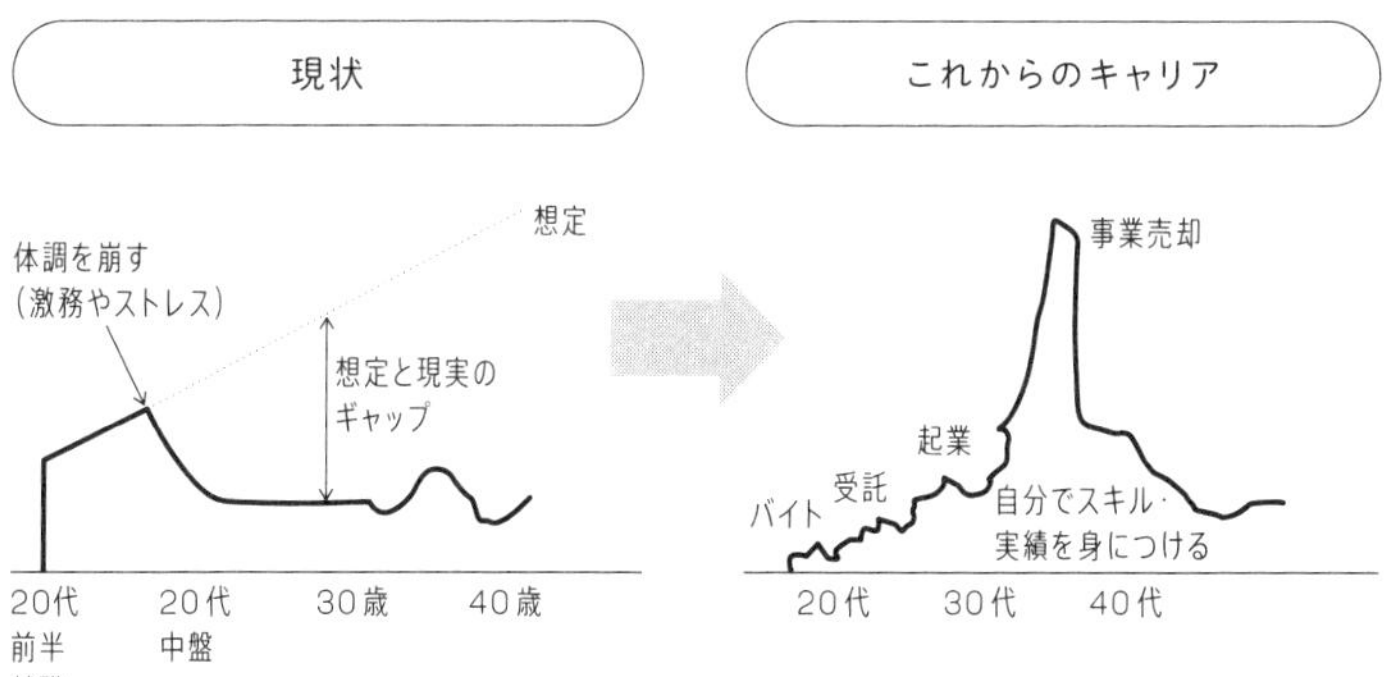

- 多くの人がうつや激務で体調を崩し、仕事ができない時期がくる。
  働けない期間があるため、就職後のキャリアは常に積み上がっていくものではない
- 就職してもよい企業は3つのみ。
  ホワイトな企業、スキルが身につく企業、信用を手に入れられる企業
- 学生時代から起業したり、大学卒業後にフリーランスとなってスキルを磨いていく方法もある

図表4-12　これからのキャリアは自分で作る

私のようなケースに限らず、皆さんもこれからはこうした三毛作、四毛作のキャリアを構築していくでしょう。間違えないでほしいのは、「最初に銀行に就職しました」「次はコンサルティング会社で学びました」「それからメーカーに行きました」などと1回1回ゼロから学び直すのではないということです。それはかなり下手なキャリアの描き方になります。

どうするのかというと、階段状に学んだことを血肉化して使いながら学ぶのです。少なくとも1を学んだら、その0・8ぐらいのスキルを持って別の業界に転職すべきです。そ

こから次のところで1・5まで上げてゆき、次のステップは1・3ぐらいからではじめる感じです。そうすると、四毛作ぐらいができる人生が可能になるでしょう。

ルール3　マスターとメンターを持つ

これからは、マスターとメンターが必要です。どんな仕事をしていても、あるいは会社員であれフリーランスであれ、必ず自分を中心としてマスターとメンター、それからゆくゆくは後輩や弟子といったそれぞれの方向の人と強い関係を養うべきです。

マスターというのは自分が尊敬できる能力的にも人格的にも優れた人です。「師匠」のような存在でロールモデルです。こういう人にコーチングやティーチングをしてもらえればベストでしょう。

一方、ここでいうメンターはいわゆるご飯をおごってくれる、プライベートなつながりのある相談できる「先輩」です。なぜこれからマスターとメンターが必須かというと、結局、仕事のスキルというものは「身体知」であり言語化できないからです。つまりどんな

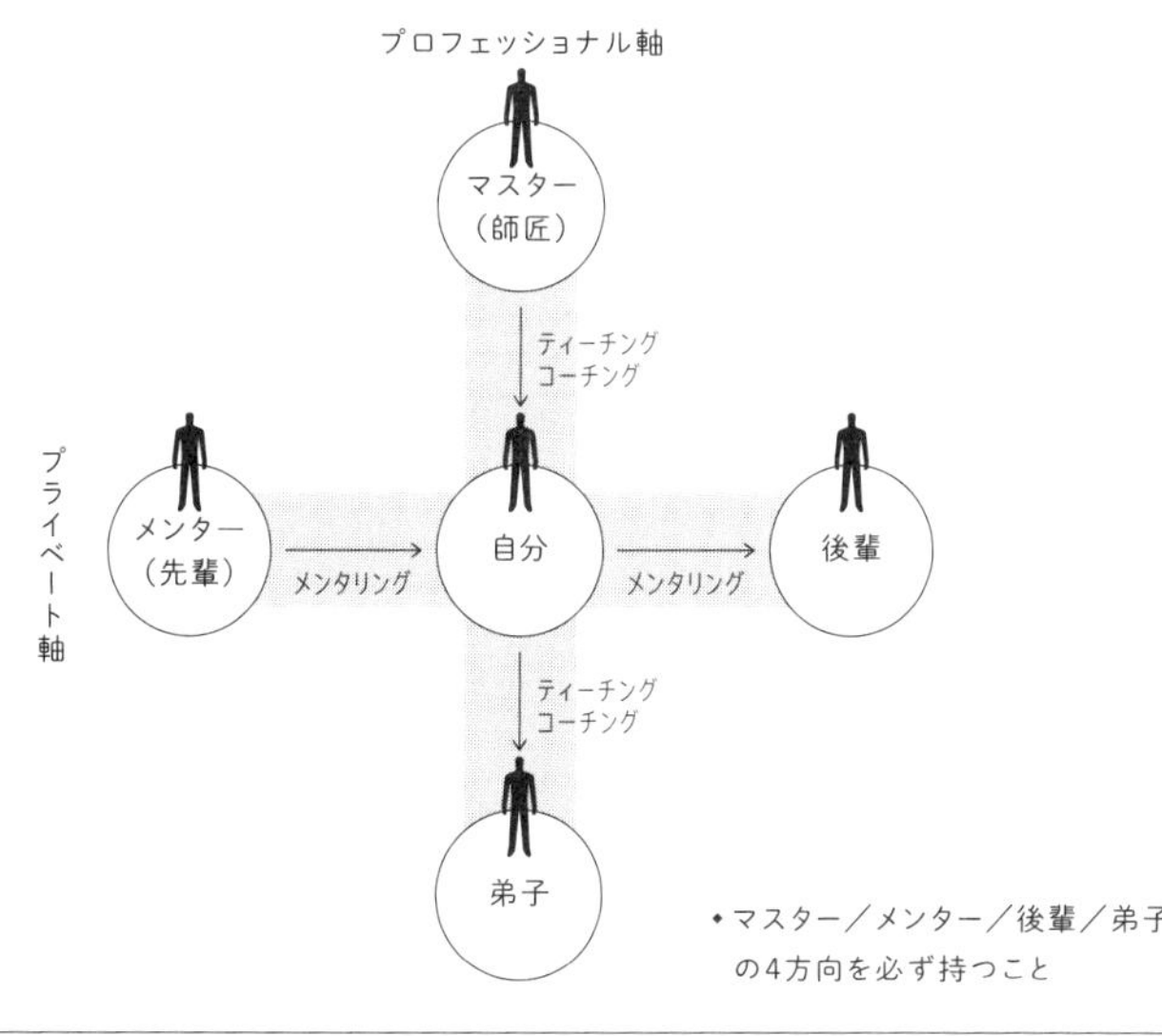

図表4-13　マスターとメンターの必要性

にビジネス書を乱読しても本質的なスキルは身につかないのです。

身体知を身につけるためには、師匠を見つけて、彼らを観察しモデリング（技を盗むこと）をしなければなりません。可能であれば、カバン持ちのような形で弟子入りできるといいでしょう。自分の職場や周辺に尊敬できる人がいなければ、本で読んだりユーチューブで感銘を受けた人でもいいです。今は著名人にもSNSでダイレクトにメッセージを送ってつながることができる時代です。セミナーや講演会があれば、その後の交流会で話をしてSNSで挨拶がてら自分をアピールしたり、その人が主催したイベントやプロジェクトがあれば手を挙げて無償で貢献するなど方法はいくらでも考えられます。

この際は相手に貢献するという意識を持ち、愛嬌のある「使える人」になることです。優れた人物というのは基本的に自分の知識やスキルを弟子や後輩に積極的に伝えようとしてくれるものです。

ぜひ、そうしたマスターやメンターの系譜に連なり、できれば受け継いだものを自分の弟子や後輩につなげていってください。それが仕事をしていく上で最も重要な姿勢だと思います。

ルール4　健康からお金までをつなげて考える

私たち自身の仕事について考えてみましょう。そもそも仕事とはどのような構造でできているのでしょうか。

図表4－14で示したように、働いて価値を創造し、お金を得るというプロセスだけが仕

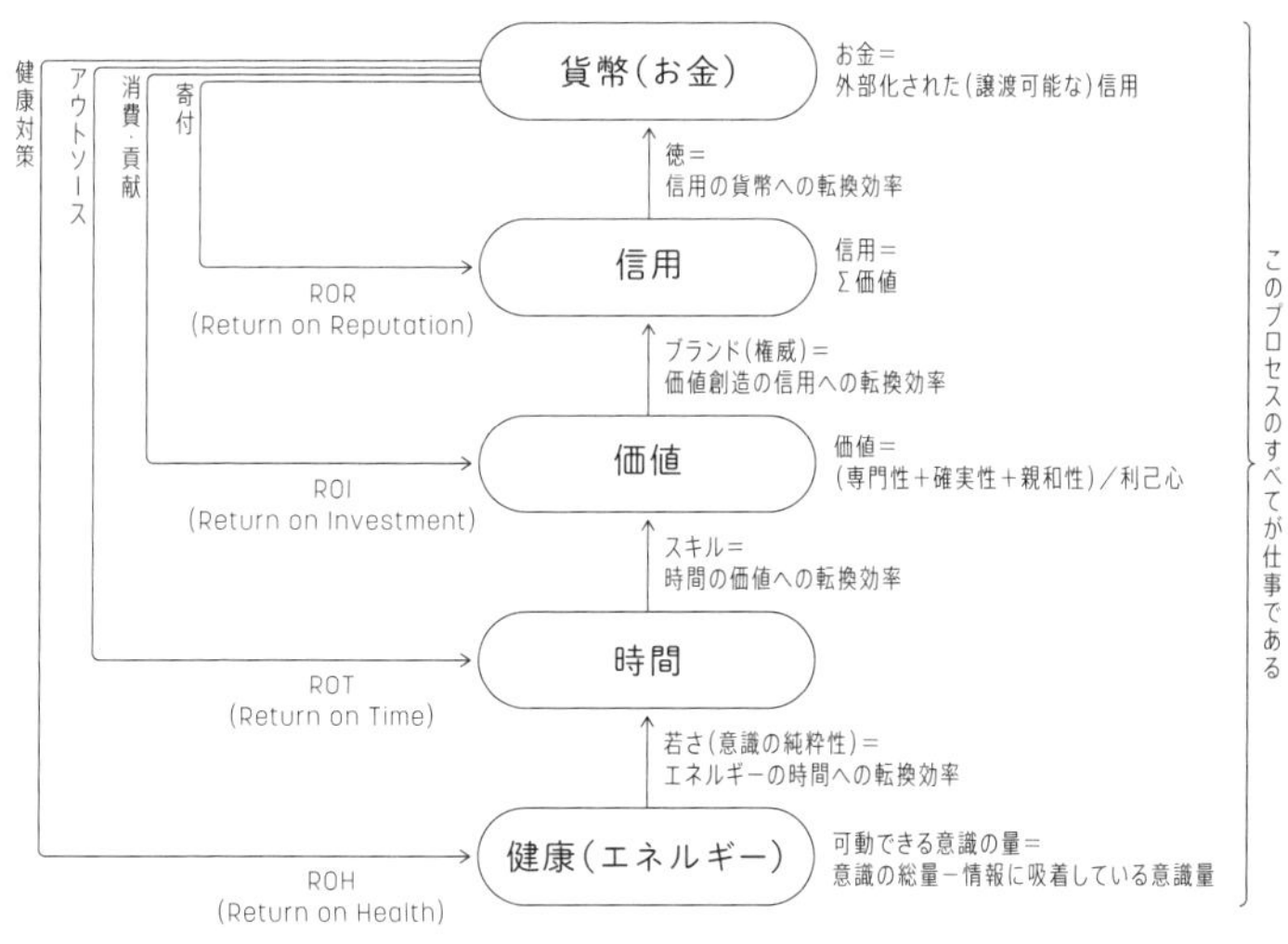

図表4-14　仕事の構造

事なのではありません。仕事とは、「お金・信用・価値」という3層構造からなる広義のマネーと、「時間・健康（エネルギー）」という、それを下支えする資源によって成り立っています。これらのプロセスすべてのマネジメントを指して、「仕事」といえるでしょう。

ここで大事なのは最初の資源である「健康（エネルギー）」が最も重要であるということです。このエネルギーが時間に変換され、そこからさらに価値へと変換されます。時間を価値に変換するものをスキルといいます。スキルが高い、つまり時間価値が高い人は、時間単位の価格が数万円から数十万円にどんどん上がっていきます。そして価値を出していくと、それが今度は信用へと変換されるのです。

では、価値を上げるにはどうしたらいいかというと、何度か私も本にも書いている通り、次の式に従って評価を高めるしかありません。すなわち、「価値＝（専門性＋確実性＋親和性）／利己心」という方程式です。

自分の分野での専門性を高めるのはもちろんですが、同時にそれにきちんとコミットすること（確実性）も必要です。クオリティ（Quality）とコスト（Cost）とデリバリー（Delivery）、日本語でいうと品質、約束、期日を守るということが求められます。またそこに、コミュニケーションが取りやすいかという親和性もプラスされます。

まとめると、高い専門性を持ち、いつも期待に対して120％の品質できっちり締め切りまでに仕事を仕上げ、無愛想でも面倒くさくもなく人間的な魅力がある、仕事のやりやすい相手になろう、ということです。

ただし、本当の価値はそこからさらに「利己心」で割られて出てきます。利己心といっても、自分の取り分にこだわるとかそういったことではありません。どれだけ自分よりも相手のことを考えた活動ができるか、それによってより分母が小さくなり、価値は増大します。そして、この式の結果が他者への貢献として蓄積され、信用が生まれるのです。信用は価値を積み上げたものであり、式で表すと「信用＝Σ価値」になります。お金とは、この信用を外部化したものといえるでしょう。

現在は信用から貨幣への転換が非常にやりやすい時代になっています。クラウドファンディングもその1つですし、特にベンチャー企業のビジネスをしていると信用によってお金の調達がしやすくなっていることを強く感じます。

自分がもし会社を作ったとして、最初の資金は自分が出せるかもしれないですが、次に会社が大きくなった時にレバレッジをきかせたい、そんな時に銀行やベンチャーキャピタルから投資を受けるとします。そこで自分のレピュテーション（信用）と会社の構想と過去の実績が、それぞれ3分の1ずつで問われるという感じです。信用というATMから貨幣を引き出すことが当たり前になってきている時代なのです。

頭の中に構想があればある人ほど、それを実現したいという衝動が生まれるのでお金はいくらあっても足りません。構想の大きさと、それに必要なエネルギーとしてのお金のバランスを考えると、常に構想のほうが大きいからです。30代、40代はそういうアンバランスな状況で生きていくしかないかもしれません。

さてここまでの健康からお金が生まれるプロセスは、実は逆方向にも変換できます。たとえば、お金を持っている人が寄付をすることで社会的信用に変えたり、消費や貢献をすることで価値にすることも可能です。

ただ、いっておきたいのは価値や信用を得るのは、お金を稼ぐよりもはるかに難しい、ということです。これは、慈善行為をした有名人が逆にバッシングされたりといったことでもわかるでしょう。欧米ではマイクロソフト創業者のビル・ゲイツなどのトップ企業の経営者は、社会貢献活動に力を入れるのが当然のようになっていますが、彼らは単にお金を出すだけではなく相応の勉強をし、きちんと慈善活動にコミットすることで信用を得ています。

信用や価値ではなく、そもそもそれらを生み出す時間が足りないのであれば、時間をアウトソースするのもいいでしょう。この考え方は、組織に属している若い人にも非常に重要だと思います。

なお、私は健康への投資については「ROH（Return on Health）」と呼んでおり、ここに一番コストや時間をかけるべきだと考えています。20代であれば年間20万、30代だったら50万、40代だったら100万くらいは見積もっておきましょう。フィットネスに通う、食事をよいものに変える、健康に関する勉強をする……、どれにしてもお金がかかります。

健康とはエネルギーそのものです。このエネルギーが時間になり、価値やその蓄積である信用になり、最終的にお金になって返ってくるということですから、自分の健康管理は徹底的に自分で学ばなくてはなりません。良質な油を使ったり、タンパク質をとるなどの食事から知識、付き合い方など、とにかく健康に関しては本質を理解し本格的な生物学、身体の仕組みから学びましょう。

ルール5　相手の期待値を20％上回る

会社員であれフリーランスであれ、どんな仕事も本質的には「期待値設定」↓「コミットメント」→「実行」を繰り返す作業だと思います。まずは相手の期待値を全身の感覚で見極め、それを超えることにコミットメントし、実行して成果を上げるのです。

実行する資源は、別に自分の時間やスキルでできなくてもかまいません。他の人の知識やお金、時間といったあらゆるものを駆使し、アウトソーシングすればいいのです。何でも自分でやろうとするのではなく、方針を考えるというのが大切です。これがうまくやれるようになると、本当の意味でマネージャーになれます。

このプロセスで重要なのは、最後に相手の期待値を20％超えることです。私はこれを「120％ルール」と呼んでいます。この積み重ねにより信用が作られ、次の仕事が来るようになります。

仕事というのは単に業務を行なうことではなく、成果を上げるということなのです。オペレーション（操業）の時代はもう終わりました。これからは誰であれ、この価値超過サイクルを回していかなくてはなりません。

私がコンサルティング会社にいた時に、アナリストとして入ってきたある新人スタッフを見てびっくりしたことがあります。彼女は自分に振られた企業分析などの業務に対して、

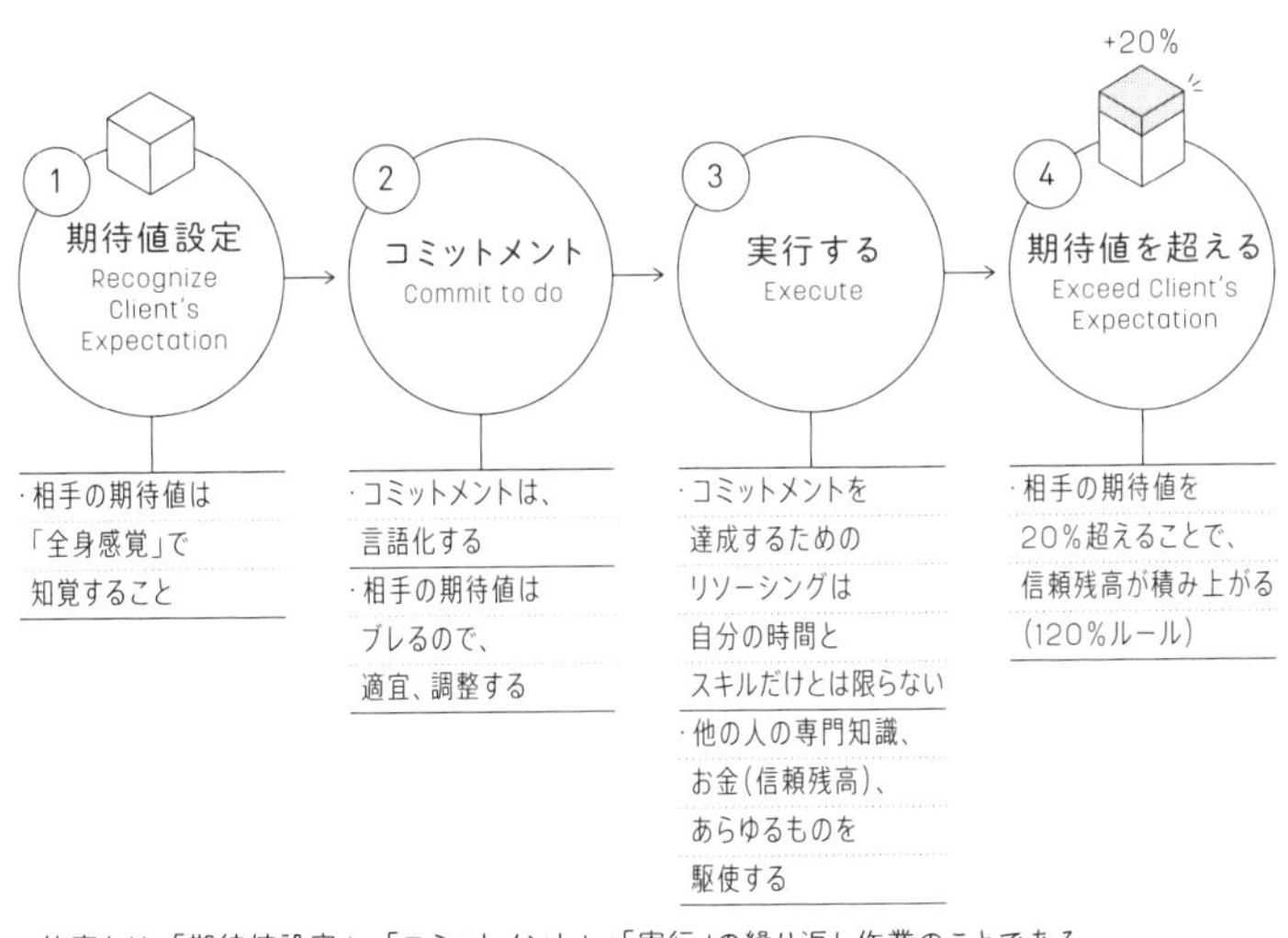

図表4-15　本当の仕事の流れ

いきなりアウトソーサーを探したのです。普通に考えて、自分に振られた仕事を人に発注するアナリストなんていません。しかも、彼女はまだ入ったばかりのスタッフの立場です。

でも、彼女の発想としては、最初からこの業務は自分の給料を使ってでも発注したほうが早いということでした。つまり、レバレッジをかけようとしたわけです。結局、彼女はその後2年ほどでマネージャーになり、すぐに辞めて起業し、今は企業価値100億円ほどの企業のCEOになっています。

彼女の例でわかるように相手の期待値を理解したら、自分以外のどのような方法でもよいので実行して成果を上げることが大切だということです。

以上がこれからの時代の仕事の5つのルールです。

Genius Story 会社勤めの後、起業したHさんの場合

この章の最後に、コンサルティング会社に勤めていたものの、弟の死をきっかけに、天才性を見つけ、働き方を再構築していったHさんの例を紹介しましょう。

Hさんは、幼稚園の頃から背が高く、周りをよく見渡していて「大人が見ていなくても、大抵のことは自分でできる」と言われるほど機転が利き、よく笑う子でした。

小学生からはじめた野球は、運動神経が悪く、当初なかなか上達しませんでしたが、父親から厳しく指導されており、イヤイヤながら、なんとか続けていました。そんなHさんでしたが、小学6年生で地域の選抜チームに選ばれます。「努力していると報われる瞬間が

くるらしい」と実感したそうです。一方で、「頑張らないと成果が出ない」という思い込みが生まれ、以来大学受験や就活、社会人になってからも「ここぞ」という勝負の時には、24時間そのことを考え、徹底的に時間と体力を注ぐ生活が続きました。

その後、大学生活の中で「仲間とともに何かを創りだす」ことが好きな自分を発見し、大手企業をクライアントに事業成長支援を行なうコンサルティング会社に入社しました。チームメイトは優秀な人ばかり。大いに刺激を受け、精力的に働いていました。

しかし働き続ける中で、自分が以前ほどワクワクしていないことに気がつきます。日本を代表する会社で働く人たちがつまらなそうに仕事をしている様子を見ていて、残念に感じたのです。「これでは宝の持ち腐れじゃないか。待遇もいいし、社会に貢献しているはずなのになぜだろうか」という思いを持ちはじめました。

◆〝社会適合〟から〝とげぬき〟へ

さらに、こうした思いが強くなったのは、弟の自死という悲しい出来事でした。

悲しみの中で、弟のある一言を思い出します。「兄ちゃんは、いいよなぁ。僕は、兄ちゃんとは違う。自分は社会になかなか受け入れてもらえない」。就職がなかなかうまくいかずに悩む弟から、そう言われたことを思い出します。「あの時、なんと声をかけたらよかったのだろう。自分に何かできることがあったのではないか。どうしたら助けることができたのだろう……」

大学時代は、アメリカに音楽留学に出るようなエネルギッシュな弟でしたが、就活での失敗をきっかけに、家に引きこもるようになりました。そんな弟に「努力すればできるよ」と声をかけ、就職に有利な資格のパンフレットを渡す自分を思い返します。

「弟は、本当は、そういうかかわりじゃなく、ただ話を聞いて、可能性を引き出してほしかったんじゃないか？　それなのになぜ、僕は寄り添わず努力ばかりを強いていたんだろう？」そう内省するうちに背景に、自分が「努力すれば達成できる」という強固な思い込みと、固く凍ったような冷たい感情を持っていることに気がつきました。

「どうせ誰も内面はわかってもらえない。だから努力して成果で示すしかない」。親とのかかわりの中で、無意識のうちに刷り込まれた自分自身の冷たく凍った悲しみが、引きこもっていた弟の話を聞き、その可能性を引き出そうとする行動を妨げていました。

回想が巡る中、この「自分の個性がわからない、うまく社会と接続できない」という問題は弟だけでなく、誰もが悩む社会問題なのではないかと気づきました。そのことが、ビジョンとなり、現在の仕事――自己分析を行なう事業――につながっています。

◆とげぬきから天才性の発見へ

この経験からHさんは、ご家族の経験から仕事でのスタイルも、「教える」「伝える」から「引き出す」「育てる」方向へと転換していきます。

そうすると思わぬ成果が出はじめました。相手の言いたいことを引き出し、可能性を実現化していくプロセスを数多く体験し、自分の天才性は「相手の可能性を見出し、それに向かうための道程を引き出す」だということに気がつきます。組織改革の仕事がうまくいくようになり、自分の触媒的な機能にも気づいたといいます。

そして同時に、「自分の価値に気づける世の中をつくりたい」というミッションも浮き上がってきました。

◆天才性から再構築へ

現在のHさんは、「セルフストーリーチャート」という自己分析を行なう会社を立ち上げ、今まで自分や弟が抱えてきた課題を解決する仕事をしています。格差の拡大や階層の硬直化を背景に、自尊心を高める重要性が高まっている中、自己分析に関心を持つ個人・企業が増えてきています（実際、アメリカは自尊心を高めることが公教育の中心になっています）。「相手の可能性を見出し、それに向かう道筋を引き出す」という天才性と「自分の価値に気づける社会を作る」というミッション、「自尊心の教育ニーズの高まり」という社会の要請が合致し、今は仕事が軌道にのっているようです。

自分の天才性を発揮するためには、補完する能力を持つチームやその価値を感じてもらえるプロダクトやビジネスモデルなどの環境が必要です。Hさんは起業を通して自分の特性に合ったチームやプロダクト、ビジネスモデル、生活様式を整えています。

そうすることで、天才性を発揮していけるのです。

第4章のまとめ

1 システムの中で生きるのではなく、自らシステムを作る生き方をしよう。

2 これからの時代を「準備期」「破綻期」「創世期」の3つに分けてライフプランを考えよう。

3 これから勃興する新しい産業に仕事の軸足を移そう。

おわりに

21世紀は時間の時代

「はじめに」で書いたように、平成とともにはじまった、インターネットが牽引した距離を問わないコミュニケーションは、コロナ・ショックによる完全遠隔業務で当たり前のものになりました。世界からすっかり距離が消え、ゼロとなったのです。

もはや在阪のまま東京の会社に就職し、定年まで勤め上げることも可能になりました。これから人々は暮らしと労働を完全に切り分けて、前者はよりフィジカルに（風や波を感じる）、後者はよりバーチャルに（ネットやデジタルで完結させる）なっていくはずです。人類は距離を克服しました。

距離を克服した人間の関心は、おのずと時間に向かいます。**これからの時代は時間の概念をゼロにすること、すなわち時間という誰にとっても絶対軸であったものが変形し、ゆがみ、伸縮性を持つという「時間を超える技術」の時代に入る**でしょう。時間がゆがむことは、相対性理論を学べば理解できるはずです。光の速さで走れば、自分自身は時間が経たないのです。

「人生100年時代」といわれて久しいですが、100年の人生を満喫できるなどという虚言を信じている人はいないでしょう。人生の濃度（密度）でいえば、明らかに最初の50歳までが8割で、残りの50年はせいぜい2割の濃度しかないと思います。想像してみてください。10歳の時の記憶はすべての日々が瑞々しく鮮やかに思い浮かびますが、40歳の記憶など3つも思いつけばいいほうです。

要するに**人生は年齢ではなく、その密度の積分**であり、坂本龍馬や三島由紀夫が崇拝されるのも短く太い人生を生きたからです。もちろんお金持ちは医療によって150歳まで生きられるようになるでしょうが、それにどれだけの意味があるでしょうか。

これからは時間が論点になり、世界は同時多発的に展開されます。事件・テロ・産業・

そして今回の新型コロナウイルスによるパンデミックもそうです。新興企業は生まれた時から多国籍です。ｚｏｏｍの先では外国人が待っています。英語も学ぶしかありません。

こうして令和の時代は時間を超える、４次元の技術をもとにした産業が中心になると予想されます。

各時代においての成功者というのは、基本的には1つ次元の高いことを考えた人です。昭和の時代はマクドナルド創業者の藤田田やソニーの井深大、盛田昭夫といった、空間を超えてアメリカの土を踏んだ人が成功しました。平成の成功者であるソフトバンクの孫正義もアメリカに倣った人ですが、タイムマシン経営で未来を洞察（4次元）することで時間を超えて成功します。

では、令和の時代はというと、空間（平成）、時間（令和）が克服される（ゼロになる）とすでにわかっている人、空間と時間を超えた5次元の世界に生きる人、がこれからの成功者なのです。

私たちは本当に一緒に居たい人とともに時間を過ごしたいと考えるようになっています。会って話したい人、ウェブで用件を済ませたい人、生活をともにしたい人の分別がはじまっています。一緒に居たい人の価値をピアバリュー（自分が相手にとって時間と空間を共有したい存在になること）と呼びます。コロナ時代を経て、出社したくない若者が増えている一方で、年配世代はわざわざ会社に行きます。会社に行くことが仕事をしている証拠だと考える面もありますが、家にいることが寂しいという本音も見えてきます。会社に行けば後輩がかまってくれるからです。しかし若手にとってはそのような上司と、空間と時間をともにするストレスが減ったわけですから、もう従来の働き方には戻りたくないでしょう。年配世代は若者の存在を搾取していたのかもしれません。これから年配層をはじめすべての人が、ピアバリューを高めていかなければなりません。

すると、当然、品性や礼儀、清潔感なども大事ですが、その課長・部長などのラベルをとった時にはじめて現れるその人なりの個性が重要となってきます。

どう生きるか？ではなく、なぜ生きるか？

1945年の敗戦後、このままではトランジスターを作り続ける経済大国が極東の片隅に生まれるだろうと三島由紀夫は言いました。そして戦後75年、実際にそうなり、さらにはその仕組みがすでに崩れ去り、空虚な日本が残りました。本書で書いてきたようにこれから政治も社会の仕組みも産業も変わっていくでしょう。しかしそれは問題の本質ではありません。

これからの日本と皆さんの考えるべき本質は、「何のために？」というコンセプトのほうです。この国が失ったのは経済大国の座ではありません。何のための国なのか？というアイデンティティ（存在理由）のほうなのです。国のコンセプトがそもそも賞味期限を切らしているのです。

社会が瑣末な問題に関心を払うのはこの国全体が一瞬一瞬の刹那の中にしかその意味を見出せなくなっているからです。もし大志を抱く若者（でなくてもいいですが）がいれば、これからの5年間、「この国は、80年後の22世紀、〝何のためにある〟のだろう？」と考え続けてみてください。

エーリッヒ・フロムの『愛するということ』、あるいは、ヴィクトール・フランクルの『夜と霧』を読んだ人ならわかりますが人は意味なくして生きることはできません。

どんなに貧しかろうが生きる意味と価値を自分の中で深く知っている人は死ぬことはありません。どんなに豊かで恵まれた人でも、生きる意味を見出せなければその人生は空虚なものになるのです。今自殺率があらためて増加しています。特に女性の自殺が増えています。自殺をしたいと思ってする人はいません。人は自殺するしか問題が解決しないと思うから自殺するのです。あるいは生きる意味を見出せないと自殺するのです。今私たちに求められているのは意味であり価値です。何のために?ということです。それに対する解はどこにもない。

自分の中に見出すしかない。それは自分の中にジーニアスを見出すことにしかないのです。

天才性に忠実に生きる勇気

天才は、天才性に忠実に生きることからしか生まれません。しかし普通は、社会の圧力もあり、家族など大切な人たちを支えながら生活しなければなりません。本書で述べてきたように小さな島国である日本という国ではどうしても同調圧力が強くなり、主体的な人生を歩むことは苦しい道でもあります。

私自身を振り返ってみても日々の仕事に忙殺され、生活リズムを整えることさえままならない中、自分の天才性に常に忠実であるとは言い切れません。つまり次元の低いことをしています。金の時間、銀の時間、銅の時間と分けていますが、私にとって金の時間とは、抽象的に物事をとらえ純粋な哲学を楽しんでいる時間です。銀の時間は、10社にものぼる関係会社のマネジメント、銅の時間は具体的なオペレーションやタスクの処理に充てています。こうした生活をもう15年以上続けています。そろそろ潮時だと思っています。

本書を書くに当たって、私の親友であり、メンターでもある人物にジーニアスファインダーの企画を手伝ってくれないかと相談しました。彼は誰に対しても相手の立場になって耳を傾け、打算では動かない人物です。彼はきっぱりと言いました。「君自身が自分自身のジーニアスに素直に生きられていると私には思えない」。なるほど。かつて彼とコンサルティング会社を創設したことがありました。その後、私はどうしても大学院に進みたいと言い、彼はそれを受け入れてくれました。「山口さん〝らしさ〟が一番活きることをするべきだ」それが彼のその時の言葉でした。

私は今現在は自分のジーニアスポイントから焦点をずらさず生き抜くことができていません。ですから読者の皆さんと同じ立場にあると思っています。これから一緒に頑張っていきましょう。本書はあくまでドラフト（草稿）です。本を超えてこれからもジーニアスファインダーを進化・深化させてゆきますのでぜひウェブでも交流をさせてくださいませ。

本書の最後にこの本の前半部分を構築し、実践してきた共同執筆者でもある兄・山口和也の話をしたいと思います。

公立校に進学した僕とは違い、兄は私立の学校に進学し、そのまま大学に上がりました。順風満帆に進んできたように見えますが、進学も、その後行くことになった留学もいずれも親の勧めで決めていたところがあり、自分で考えて選ぶということがあまりなかったと話していました。ただ、エスカレーター式で進学するのではなく、受験すればもっと上のレベルで戦えたのではないかと、後悔と学歴に関するコンプレックスが残ったといいます。

その後ブラック企業から外資系企業に転職し渡米。現地で「ビジネススクール」を勧められ、日本に帰ってから入学を志します。しかし志望したスクールは3年連続で不合格。別のスクールにしようと思った時に、家族から「そのままだと学歴コンプレックスを抱えたままになるよ」と言われ再受験し、4年目で合格を果たしました。でも合格してみたら、何度もチャレンジした人などおらず、悔しくて今度は上位5％に入ろうと闘志を燃やしました。ひたすら勉強して、結果、最後は優等生として表彰されました。

兄はここでやっと「学歴コンプレックス」から解放されたといいます。それは「志望校に入れたから」「ライバルよりよい成績を残せたから」ではなく、自分なりにやりきることで、ステップアップできたと感じたからだそうです。どんなによい大学、ビジネススクールに入っても、上には上がいます。「俺より学歴が高く、俺より英語ができて、俺よりグローバル経験があって……」なんて比較しても、自分が前に進めるわけではありません。他人との比較は前進するための糧にして、自分の階段を見つけ、自分の足でそれを登ることが大切なのです。

その後、ビジネススクールで「山口君は何がしたいんだ」と問われ、自らを棚卸しすることで、彼は「人にものを教えたり、海外経験を伝えたりしたい」という思いを明確にしました。

そして、兄と私はベトナムの世界遺産都市であるホイアンで小さなお土産屋さんのオーナーとなり、学生が実店舗でビジネス経験を積める海外ビジネスインターンシッププログラムを運営しはじめます。

その事業で兄は、学生たちと膝を突きあわせ、対等に本気でかかわることで、学生に呼応するように、より素直に真っ直ぐな人格へと変化していきました。人が天才性を生きはじめる時、このように本気の人とのかかわりあいがあります。私たちは「世の中に10歳のようにワクワク生きる人（オトナの振る舞いができる子ども）を増やすこと。それを支えるメンター・マスターラインを整備すること」が夢であり目標です。皆さんが天才性を生きたいと願った時、私たち、そしてたくさんのジーニアスファインダーたちがそばに居ることを思い出していただけたら嬉しいです。

山口　揚平

２０２１年３月

参考文献

STEP1　とげぬき

◆『悩みにふりまわされてしんどいあなたへ　幸せになるためのいちばんやさしいメンタルトレーニング』（志村祥瑚、石井遼介共著　セブン＆アイ出版）

◆『よくわかるＡＣＴ（アクセプタンス＆コミットメント・セラピー）明日からつかえるＡＣＴ入門』（ラス・ハリス著　武藤崇監訳・訳　岩渕デボラ、本多篤、寺田久美子、川島寛子訳　星和書店）

◆『インテグラル理論　多様で複雑な世界を読み解く新次元の成長モデル』（ケン・ウィルバー著　加藤洋平監訳　門林奨訳　日本能率協会マネジメントセンター）

◆『子どもと孤独』（エリス・ボールディング著、小泉文子訳、田畑書店）

STEP2　天才性の発見

◆『アインシュタインの言葉　エッセンシャル版』（弓場隆編集・翻訳　ディスカヴァー・トゥエンティワン（ディスカヴァークラシック文庫シリーズ））

◆『高知能者のコミュニケーショントラブル　ＩＱが20違うと会話が通じない』（安間伸著）

◆『海外メンサ　入会テスト　過去問（ＩＱ値診断付き）Japan Mensa』（ジェームズ・オリヴァー著）

◆『BRUTUS特別編集 合本 お金の、答え。』（マガジンハウスムック）

◆「海外ビジネス武者修行プログラム」（株式会社旅武者）https://mushashugyo.jp/

◆「ブルー・マーリン・パートナーズ」（ブルー・マーリン・パートナーズ株式会社）https://bluemarl.in/business/

◆『最後の講義　完全版』（石黒浩著　主婦の友社）

◆『花ざかりの森・憂国』（三島由紀夫著　新潮文庫）

◆『航空産業入門（第2版）』（株式会社ＡＮＡ総合研究所著　東洋経済新報社）

◆『環境・社会・経済　中国都市ランキング　２０１８――大都市圏発展戦略』（中国国家発展委員会発展戦略和計画司、雲河都市研究院著　周牧之編　ＮＴＴ出版）

◆『まだ「会社」にいるの?～「独立前夜」にしておきたいこと』（山口揚平著　大和書房）

◆『そろそろ会社辞めようかなと思っている人に、一人でも食べていける知識をシェアしようじゃないか』（山口揚平著　KADOKAWA）

◆『さあ、才能（じぶん）に目覚めよう　新版　ストレングス・ファインダー２・０』（トム・ラス著　古屋博子訳　日本経済新聞出版）

◆『人は、なぜ他人を許せないのか?』（中野信子著　アスコム）

◆『LGBTヒストリーブック 絶対に諦めなかった人々の100年の闘い（PRIDE叢書）』（ジェローム・ポーレン著　北丸雄二訳　サウザンブックス社）

◆『わたしたちのウェルビーイングをつくりあうために　その思想、実践、技術』（渡邊淳司、ドミニク・チェン著・監修　安藤英由樹、坂倉杏介、村田藍子、伊藤亜紗他著　ビー・エヌ・エヌ新社）

◆『深夜特急』（沢木耕太郎著　新潮文庫）

◆『世界一やさしい「やりたいこと」の見つけ方　人生のモヤモヤから解放される自己理解メソッド』（八木仁平　KADOKAWA）

◆『意識と本質―精神的東洋を索めて』（井筒俊彦著　岩波文庫）

◆『相対性理論』（A・アインシュタイン著　内山龍雄訳　岩波文庫）

◆『1日3時間だけ働いておだやかに暮らすための思考法』（山口揚平著　プレジデント社）

◆『センス・オブ・ワンダー』（レイチェル・L・カーソン著　上遠恵子訳　新潮社）

◆『沈黙の春』（レイチェル・L・カーソン著　青樹簗一訳　新潮文庫）

◆『全体性と内蔵秩序』（デヴィッド ボーム著　井上忠、佐野正博、伊藤笏康訳　青土社）

◆『創造性について――新しい知覚術を求めて』（デヴィッド ボーム著　渡辺充監　大槻葉子、大野純一訳　コスモスライブラリー）

◆『プロテスタンティズムの倫理と資本主義の精神』（マックス ヴェーバー著　大塚久雄訳　岩波文庫）

◆『看護覚え書――何が看護であり、何が看護でないか』（フロレンス・ナイチンゲール著　小林章夫、竹内喜訳　うぶすな書院）

◆『のだめカンタービレ』（二ノ宮知子著　講談社）

◆『山中伸弥先生に、人生とiPS細胞について聞いてみた』（山中伸弥、緑慎也著　講談社＋α文庫）

◆「中田英寿　僕が見た、この地球。旅、ときどきサッカー（DVD）」（中田英寿出演　VAP, Inc）

◆「AI時代の新しい思考法」（山口周・山口揚平講演　立教大学　https://www.youtube.com/watch?v=IH2hQJnXbNI）

◆「サピエンス全史図解（詳説版）」（きょん）[https://note.com/my_kyon_note/n/n31bcbd197a73]

STEP3 再構築

◆『愛するということ』（エーリッヒ・フロム著　鈴木晶訳　紀伊國屋書店）

◆『星の王子さま』（サン＝テグジュペリ著　浅岡夢二訳　ゴマブックス）

◆『価値意識の理論――欲望と道徳の社会学』（見田宗介著　弘文堂ルネッサンス）

◆『アッチェレランド』（チャールズ・ストロス著　酒井昭伸訳　早川書房（海外SFノヴェルズ））

◆『社会システム・デザイン 組み立て思考のアプローチ「原発システム」の検証から考える』（横山禎徳著　東京大学出版会）

◆「日本経済の成長阻害要因－ミクロの視点からの解析－」（青木昌彦、Alan Garber、Paul Romer著　McKinsey & Company, Inc.）

著　者

山口 揚平

やまぐち ようへい

事業家・思想家。

早稲田大学政治経済学部卒・東京大学大学院修士（社会情報学修士）。

専門は貨幣論、情報化社会論。

1990年代より大手外資系コンサルティング会社でM&Aに従事し、
カネボウやダイエーなどの企業再生に携わったあと、30歳で独立・起業。

劇団経営、海外ビジネス研修プログラム事業をはじめとする複数の事業、
会社を運営するかたわら、執筆・講演活動を行なっている。

NHK「ニッポンのジレンマ」をはじめ、メディア出演多数。

著書に、『知ってそうで知らなかったほんとうの株のしくみ』（PHP文庫）、

『デューデリジェンスのプロが教える 企業分析力養成講座』（日本実業出版社）

『そろそろ会社辞めようかなと思っている人に、
一人でも食べていける知識をシェアしようじゃないか』（KADOKAWA）、

『なぜ ゴッホは貧乏で、ピカソは金持ちだったのか？』（ダイヤモンド社）、

『10年後世界が壊れても、君が生き残るために今身につけるべきこと』（SBクリエイティブ）、

『新しい時代のお金の教科書』（ちくまプリマー新書）などがある。

協　力

山口 和也

やまぐち かずや

株式会社旅武者創業者。
早稲田大学大学院商学部専門職学位課程ビジネス専攻卒
(MBA)[TOP10% Distinguished Student]。
専門は、マーケティングおよび事業開発、アントレプレナーシップ／リーダシップ教育。
医療メーカーのマリンクロットジャパン株式会社社長室入社。
米系グローバルカンパニーであるタイコヘルスケアによる買収で
社名がタイコヘルスケアジャパンに変更する際、マーケティング部へ異動。
2004年、日本人として初めて米国本社勤務を命ぜられ、
International Product Managerとして2年間、世界各国のマーケティング担当者とともに
新製品導入プロジェクトに携わる。2006年、日本帰国後、
Business Developmentシニアマネジャーとして、主にAsia Pacific & Japan地域において、
各国担当者とともに事業アライアンスや製品戦略を担当。
2011年には年10億の売上を上げ、Asia Pacific & Japan地域にてMVPを獲得。
2013年に独立し、株式会社旅武者を設立・社長就任。
これまで培ったグローバル経験を活かして、ベトナムにおいて実店舗を使った
海外インターンシップ研修事業「海外ビジネス武者修行プログラム」を立ち上げ、
年間約1000人の大学生をアジア新興国で受け入れしており、
年間受入人数実績No.1となる(2021年3月現在累計3877名実施。※国内プログラム含む)。

大西 芽衣

おおにし めい

ブルー・マーリン・パートナーズ株式会社シニアアソシエイト。

ご協力ありがとうございました(順不同)

横山禎徳さん　木戸寛孝さん　森本麻衣子さん　伊藤秋津さん
遠藤まさみさん　原田直和さん　加藤大吾さん　柳生北斗さん
長谷川朋弥さん　佐々木慧さん　柴田展大さん　山中茂樹さん
松田宇弘さん　落合文四郎さん　森田涼香さん

ジーニアスファインダー
自分だけの才能の見つけ方

2021年4月26日　初版第1刷発行

著　　　　者　山口揚平
発　行　者　小川 淳
発　行　所　SBクリエイティブ株式会社
〒106-0032 東京都港区六本木2-4-5
電話　03-5549-1201（営業部）
装丁・本文デザイン　寄藤文平・古屋郁美（文平銀座）
本文イラスト　須山奈津希
本　文　図　版　浜名信次（株式会社Beach）
袋とじデザイン　BISOWA Design Team.
D　T　P　キャップス
校　　　　正　根山あゆみ
編　集　協　力　本創ひとみ
編　集　担　当　多根由希絵
印　刷・製　本　三松堂株式会社

本書のご感想・ご意見をQRコード、
URLよりお寄せください。
https://isbn2.sbcr.jp/07920/

ISBN978-4-8156-0792-0